Christine Schollmeier

Liebe und andere Kleinigkeiten

Gewöhnliches und Ungewöhnliches bei der Heilsarmee

R. BROCKHAUS

R. Brockhaus Taschenbuch Bd. 469

Umschlaggestaltung: Carsten Buschke, Solingen
Umschlagfoto: DIAGONAL, Peter Frischmuth, Hamburg
Gesamtherstellung: Breklumer Druckerei Manfred Siegel KG
ISBN 3-417-20469-0

INHALT

Ein Mann ging
von Jerusalem nach Jericho.
Unterwegs überfielen ihn Räuber.
Sie nahmen ihm alles weg,
schlugen ihn zusammen
und ließen
ihn halbtot liegen.
Ein Mann aus Samarien kam vorbei.
Er ging zu ihm hin und
behandelte seine Wunden
mit Öl
und Wein.
Dann setzte er ihn auf sein eigenes Reittier
und brachte ihn in das nächste Gasthaus,
wo er sich um ihn kümmerte.
Am anderen Tag
gab er dem Wirt zwei Silberstücke
und sagte: »Pflege ihn!«

VORWORT

Von allen Enden der Erde und von jedem Stadtteil Hamburgs kommen Menschen nach St. Pauli. Sie sind geschäftlich hier, sind Touristen oder Künstler. Manche auf der Flucht vor massiven Problemen. Und sie sind in Gefahr.

Einer von den zigtausend Schaulustigen, die an einem Samstagabend im Sommer über die Reeperbahn flanieren, wird wahrscheinlich hier den ersten Schritt in die Dunkelheit tun, aus der er nie wieder auftaucht:

Vielleicht kommt er nach durchzechtem Wochenende trotz Abmahnung zu spät zur Arbeit und wird gekündigt. In seinem Alter eine neue Arbeitsstelle? Unmöglich. Seine Frau kommt dahinter, daß er wiederholt im Bordell war. Aus Angst davor, daß er sich mit AIDS angesteckt haben könnte, verweigert sie sich ihm. Die Ehe wird geschieden, der Mann verkommt.

Oder eine heimliche Spielerin, überzeugt davon, daß sie endlich das System geknackt hat und beim nächsten Mal gewinnen muß, verspielt die Tageseinnahmen ihrer Firma und kommt ins Gefängnis ...

In St. Pauli lauern Räuber auf ihre Opfer. Nicht die Taschendiebe und Geiselgangster; gefährlichere als diese: Alkohol, Prostitution, Geldgier. Sie wollen die Menschen ihrer Würde und Hoffnung berauben. Haben sie ihr Opfer ausgesaugt, lassen sie es halbtot liegen und eilen zum nächsten Beutestück.

Solche Räuber sind natürlich nicht nur auf dem Kiez anzutreffen. Das kleinste Dorf hat seinen Alkoholiker ebenso wie der Bundestag. Möglichst ohne viel Arbeit reich zu werden und dann reich zu bleiben, ist kein spezifischer Charakterzug der Zuhälter. Das will auch jeder Steuerschummler.

Aber hier in St. Pauli verlassen die Räuber ihre gutbürgerliche Deckung. Die Opfer verstecken sich weniger in Einfamilienhäusern und bürgerlicher Scheinidylle. Klarer als in den meisten Gegenden Deutschlands tritt hier zutage, daß der Mob mobil gemacht hat. Und dabei denke ich nicht an die Mafia oder sonstige organisierte Verbrechergruppen, obwohl es die hier auch gibt.

Ich weiß, es herrscht Krieg, und die »Räuber« sind gut organisiert, auch wenn sie unabhängig voneinander arbeiten. Sie spielen ihrem obersten Boß die Opfer zu, arbeiten auf seine Rechnung. Er selber tritt selten unmaskiert in Erscheinung, bedient sich meistens der Mittelsmänner. Aber Christen wissen, wer die Welt kaputtmachen will. Sein Name heißt Satan. Er, den die Bibel den »Fürst dieser Welt« nennt, herrscht jetzt noch in St. Pauli. Jesus Christus trat zum Kampf gegen ihn an und gewann den endgültigen Sieg damals am Kreuz. Letzten Endes hat Satan keine Chance. Aber bis eines Tages der auferstandene Herr wiederkommt und Seine Herrschaft sichtbar aufrichtet, nimmt Satan mit, was er kann. Als mein Mann und ich 1978 von der Heilsarmeeleitung nach St. Pauli versetzt wurden, haben wir es gleich gespürt: Hier ballen sich die Kräfte Satans. Hier zu leben und zu arbeiten, ist eine besondere Herausforderung. Wir haben herrliche Siege unseres Herrn erlebt, aber auch große Pleiten. Wir haben viel gelacht – aber auch viel geweint.

Klarer als zuvor erkenne ich jetzt, daß um unsere Welt, um jede einzelne menschliche Seele gekämpft wird. Der Kriegsschauplatz ist für jeden von uns verschieden. Der Theologe in seinem Studierzimmer kämpft einsam mit sogenannten wissenschaftlichen Erkenntnissen, die seinen Glauben schwächen wollen. In manchen Ländern dieser Erde kämpfen Christen wegen ihres Glaubens ums nackte Überleben.

Oft genug bin ich selber das Schlachtfeld. In mir entscheidet sich, wer dieses Scharmützel gewinnen wird. Will ich meine eigene Vorstellung durchsetzen, gehe ich baden. Wenn ich nahe bei Jesus bleibe, übernimmt er die Kriegsführung.

Von allen Seiten hergeweht

Er kam von weit her: Christof. Zumindest war er als Matrose in der Welt ziemlich weit herumgekommen. Davon abgesehen war er ziemlich weit heruntergekommen, aber das ist eine andere Sache. Dafür hatte er eine Menge gesehen. Schwedische Gardinen in Skandinavien, wo er sich wegen Drogenschmuggels eine Weile auf Staatskosten aufhalten durfte. Die gnadenlose Sonne Spaniens, die ganz schön brennen kann, wenn man mit vollem Marschgepäck strafexerzieren muß. Von der Fremdenlegion floh er und sah sich in Amsterdam um. Jung, blond und schlank – wie geschaffen für den Strich. Und da landete der Jungmatrose auch.

Nach einer Weile sehnte sich der Ex-Legionär nach etwas mehr Zucht und Ordnung, als ihm im liberalen Amsterdam geboten wurde – und zog in die DDR. Vielleicht hatte er auch ein wenig Angst, daß er – der ganz gern eine Haschzigarette rauchte und Marihuana am liebsten im Balkonkästchen gezogen hätte – in der Metropole der harten Drogen eins der vielen Heroinopfer werden könnte. Wie auch immer: Christof zog in die DDR. Es mag ein Arbeiter- und Bauernparadies gewesen sein, wenn man den Propagandaplapperern glauben wollte. Aber ein Matrosenparadies war es bestimmt nicht. Nach ein paar Wochen kehrte ein desillusionierter Emigrant nicht ganz freiwillig in den »goldenen Westen« zurück. Wenn die Behörden der DDR auch keinen Wert auf den »Staatsbürger« Christof legten (sein Lebensstil war für die DDR etwas – ungewöhnlich), so wollten sie doch für ihre Mühe wenigstens seine Habseligkeiten behalten.

Er tauchte also im trüben Wasser der Elbe auf, mit weiter nichts, als was er am Leibe trug. Wohin zieht es einen abgebrannten Matrosen, wenn er nach Hamburg kommt? St. Pauli? Ja, aber nur, nachdem man beim Sozialamt war! Die Behörde wies ihn ins Obdachlosenasyl ein. Solche Heime haben ihre eigenen »Buschtrommeln«, und so erfuhr er schnell, welchem Sozialarbeiter sich leicht etwas vormachen ließ, bei wem man erst den Schreibtisch zurechtrükken mußte, bis er den Antrag unterschrieb, wo sich etwas am besten »organisieren« ließ und welche Kirchen Essen und Geld herausgaben. Klamotten? Klarer Fall – Heilsarmee in St. Pauli.

So kam Christof zum ersten Mal mit der Heilsarmee in Berührung. Wie dieser Chaot mir eine wichtige geistliche Lektion erteilte, lesen Sie in einem anderen Kapitel. Aber es ist typisch für viele, die – hin- und hergespült vom alltäglichen Wellengang – letzten Endes hier stranden. Manche gehen unter. Andere strampeln selber ans Land. Und wiederum andere werden mehr oder weniger sanft ans rettende Ufer gezogen.

Diese Vergleiche kommen einem, weil wir hier zwar nicht gerade Elbblick haben, aber wenn ich mich auf die Zehenspitzen stelle, kann ich gerade die Hafenkräne und Davits ausmachen.

In Hamburg ist die Elbe weniger Landschaftsschönheit als Mädchen für alles. Sie trägt Kreuzfahrtdampfer und Kähne und transportiert Container und Kohlen. Die Tage sind leider längst vorbei, als man unbesorgt und barfuß an dieser »Straße« entlanglaufen konnte. Zuviele Abfälle von Mensch und Industrie sorgen für eine trübe Brühe. Aber Verkehr gibt es jede Menge auf der Elbe.

»Hamburg – das Tor zur Welt!« heißt es in den Touristenbroschüren und Werbeanzeigen. Tatsächlich gehen Tag für Tag Unmengen von Gütern ihren Weg über die Elbe in die große weite Welt. Und wenn die Tage auch längst vorbei sind, als die Überseedampfer an den Landungsbrükken festmachten und Tausende von Auswanderern hoffnungsvoll in die Zukunft blickten – der Hafen ist immer noch ein großer Anziehungspunkt. Alte Filme und Erzählungen im Kopf, kommen aus ganz Deutschland und darüber hinaus die hoffnungsvollen Arbeitslosen nach St. Pauli. Daß die Straßen nicht mit Gold gepflastert sind, wissen sie. Aber eine Schicht oder zwei im Hafen, das wird's wohl noch geben, oder?

Es gibt sie eben nicht oder zumindest kaum. Mehr und mehr wird die Arbeit im Hafen zu einer Spezialistentätigkeit, wo es weniger auf den Bizeps als auf Computerkenntnisse und technische Ausbildung ankommt. Die Erfindung des Gabelstaplers um die Mitte der fünfziger Jahre, die Einführung des Containerverkehrs – wobei ein Seecontainer fast 15 Meter lang ist – und das Roll-on/Roll-off-Verfahren haben in den letzten Jahrzehnten zum Ausbau des Hafens in eine moderne, vom schnellen Umsatz geprägte Arbeitsstätte beigetragen. St. Paulis Seefahrtromantik ist passé – wenn sie jemals der Wahrheit entsprach. »Time is money«, heißt es; die Liegegebühren in den Hafenanlagen werden durch schnelles Umladen und kürzere Aufenthaltsdauer so niedrig wie möglich gehalten. Oft bleibt ein Schiff nur ein paar Stunden im Hafen.

So sind es häufig nur die Besatzungen von Marineeinheiten und die Not-Crew der Schiffe in den Trockendocks und Reparaturwerften, die der Reeperbahn das gewisse Welthafen-Ambiente geben. Die Elektronik- und Jeansgeschäfte haben sich auf die kurze Verweildauer eingestellt. Während ihres kurzen Landgangs fällt die Mannschaft eines ausländischen Schiffes am späten Abend über das Warenangebot her, und schon ein paar Stunden später nehmen der Kassettenrecorder, die Videokamera, der Jeansanzug Fahrt aufs offene Meer.

Sie stellen sich den Hafen anders vor – La Paloma und Hans Albers? Man kann geteilter Meinung sein – aber Sie heizen vermutlich auch nicht mehr mit Kohle, oder? Über Fortschritt läßt sich diskutieren. Ich muß zugeben, daß er nicht nur positive Seiten hat. Für einen jungen Matrosen jedenfalls nicht.

Er kam aus Birma. Dort war sein Vater Leiter einer kleinen christlichen Gemeinde; er aber wollte nichts mehr mit dem Glauben seiner Kindheit zu tun haben und fuhr zur See. Zuerst war er bemüht, die christlichen Werte seiner

Erziehung in Ehren zu halten. Aber nach und nach geriet in der aufregenden Welt da draußen das Christliche an den Rand; seine Mannschaftskameraden waren Buddhisten oder Animisten, und das Neue so interessant ...

St. Pauli war auch interessant; besonders das Angebot der jungen Dame, »mit aufs Zimmer« zu kommen. Nachher ekelte er sich vor sich selbst. Mit einer Prostituierten, hatte er seinem Vater versprochen, würde er nie gehen. Und jetzt war er doch seinem Vorsatz untreu geworden. Er fühlte sich dreckig, unwürdig. Die Erinnerung an die Eltern kam ihm in den Sinn. Aber sie waren so weit weg. Und der christliche Glaube seiner Kindheit war ebensoweit entfernt. Hätte er nur mit jemandem reden können! Aber Deutsch sprach er nicht. Und die schmuddeligen Fassaden der Oben-ohne-Bars und Erotikkinos hatten nichts gemeinsam mit der schmucken kleinen Kapelle seines Vaters zu Hause in Birma ...

Doch da fiel sein Blick auf die blau-gelb-rote Heilsarmeefahne. Sie kam ihm bekannt vor. Als Kind war er auf dem Weg zur Schule jeden Tag am Hauptquartier der Heilsarmee in Rangun vorbeigegangen. Jahrzehntelang war das kleine Häuflein der Heilsarmee von der Außenwelt abgeschlossen. Alle ausländischen Missionare hatten das Land verlassen müssen. Der General in London wußte oft noch nicht einmal, wie es seinen Soldaten ging. Aber die Handvoll Offiziere ließen sich nicht entmutigen und hißten trotzdem die blau-gelb-rote Heilsarmeefahne täglich über dem Gebäude. Irgendwann, als sie beide an dem Haus vorbeigingen, hatte sich sein Vater lobend geäußert: »Das sind auch gute Christen, genauso wie du und ich«, hatte er gesagt.

Wie betroffen war er jetzt, die bekannte Fahne vor den Sexkinos und Kneipen wehen zu sehen! Er hatte zwar noch nie einen Heilsarmeesoldaten gesehen. Aber er wußte von seinem Vater, daß diese Fahne Christen kennzeichnete. Und so stürzte er weinend in den Freiversammlungskreis: ein kleiner, brauner Matrose, den das Leben weit weg von zu Hause und weit weg von Gott gespült hatte. Englisch sprach er ein wenig; der Trommler des Heilsarmeemusikkorps, ein Engländer, betete mit ihm. Wieviel er verstand, war nicht auszumachen. Aber er ging – mit lächelnden Augen, einem festen Schritt und einer englischen Bibel unterm Arm – auf sein Schiff zurück. Wir ließen ihn in der guten Obhut unseres und seines himmlischen Vaters.

Inzwischen haben wir Glatzenkalle für solche Begegnungen. Kalle spricht genausowenig Englisch wie der Birmane: dafür hat er in seinen Riesentaschen Traktate in mehr Sprachen, als ein Mensch sprechen kann. Kalle ist Briefträger, zunächst einmal beruflich bei der Bundespost und dann sozusagen nebenberuflich. Er trägt in vielen Sprachen die Liebesbriefe Gottes zu den Menschen, denen er auf der Reeperbahn begegnet.

Kalle ist ein Opfer seines eigenen Gebetes. Er wohnte in Salzgitter, erfüllte im Postamt und in der Gemeinde seinen Dienst – und riß einmal im Jahr nach St. Pauli aus, um an der Evangelisationswoche »Jesus in St. Pauli« teilzunehmen. Dabei fielen ihm die Scharen von Ausländern auf – Seeleute, Touristen, Asylanten, Gastarbeiter –, die zu jeder Tages- und Nachtzeit auf der Reeperbahn anzutreffen sind. »Es müßte ihnen jemand in ihrer Sprache ein Traktat, einen Bibelteil anbieten«, dachte Kalle und machte es zum Gebetsanliegen. Er schrieb sogar von Salzgitter aus an einige Missionswerke, ob sie sich denken könnten, jemanden für diesen Dienst abzustellen. Erst als Gott ihn im Gebet fragte, ob er bereit sei, seine eigene Gebetserhörung zu sein, wurde er sich bewußt, daß er der Berufene war.

Wir konnten ihm eine kleine Wohnung im Heilsarmeehaus vermieten. Wider Erwarten wurde er von der Post nach Hamburg versetzt. Nun ist Kalle in seinem Element. Ausländische Sendezeiten vom Evangeliumsrundfunk? Kein Problem. Ein Traktat in Ashanti? Wenn's nicht mehr ist . . . Ob er ein Traktat in Birmanisch hat, weiß ich nicht. Nun ja, dafür haben wir meistens die Heilsarmeefahne dabei.

Draußen ist allerhand los: Polizeisirenen, lautes Gegröle von der Reeperbahn her. Doch diesmal sind die Auslöser nicht die aus der Hafenstraße, sondern ihre Rivalen von der rechtsradikalen Ecke. Deutschland befindet sich kurz vor der Vereinigung im Siegestaumel. Seit eben ist die Mannschaft Fußballweltmeister, und in vielen Städten strömen die Fans auf die Straßen, um den Sieg ihrer Mannschaft mit Bier und Gebrüll würdig zu begehen. Leider artet das spontane Jubeln auf der Reeperbahn aus. Rechtsradikale mißbrauchen den patriotischen Stolz der jungen Deutschen für ihre Zwecke; die Hafenstraße soll gestürmt, die Ausländerlokale »aufgemischt« werden.

Die Stimmung in den Kneipen ist explosiv. Auf der Reeperbahn gehen Scheiben zu Bruch, Hundertschaften der Bereitschaftspolizei bemühen sich, die Kontrahenten auseinanderzubekommen, Gewalttäter festzunehmen und nebenbei den verschreckten Touristen Auskunft zu geben. »Ja, das ist die berühmte Davidwache. Die vom Film.«

In die besagte Davidwache, mitten in all dem Trubel, stolpert ein kleiner Heilsarmeesoldat. Sein Vorhaben, seine allwöchentliche Kneipentour à la Heilsarmee zu machen – nämlich in den Bars und Restaurants seine »Kriegsrufe« anzubieten –, wird er wohl heute abend ausfallen lassen müssen; aber wenigstens die eine Zeitschrift will er abgeben, die er Woche für Woche im Publikumsraum der Wache auslegt.

Eine verstörte Frau mit tränenverschmiertem Gesicht fällt ihm auf. Die Wache gleicht einem Bienenkorb voller durcheinanderlaufender, schwirrender, schreiender Wesen: Polizisten, Randalierer, Verhaftete, Betrunkene. Dazwischen sitzt Inga auf einer Holzbank, wartet und zerfetzt dabei ihr Taschentuch.

»Was ist mit der Frau da drüben?« will unser Bruder wissen.

»Keine Ahnung. Spricht kein Deutsch. Und in so einer

Nacht auch noch 'nen Übersetzer suchen ... Ne, die muß erst mal warten!«

Es ist schon Nacht, als es bei uns an der Tür schellt. Da steht Klaus, der verhinderte Kneipenbummler; bei ihm ist auch Inga. »Die sitzt schon 'ne Stunde weinend auf der Davidwache rum; kein Mensch versteht, was sie will. Ich glaube, sie spricht Norwegisch. Da hab' ich sie dir gebracht ...«

Inga und ihr Mann Ole kommen aus einer idyllischen norwegischen Kleinstadt. Sie machen Urlaub in Flensburg und haben sich zu einem Hamburg-Besuch aufgemacht. Sie landen am Abend auf der Reeperbahn. Das für norwegische Verhältnisse billige Bier hat Oles Zunge gelockert, und die fahnenschwenkende, »Deutschland, Deutschland« brüllende patriotische Meute hat ihn aufgestachelt. Es kommt – so gut wie es eben ohne Sprachkenntnisse geht – zu einer angeregten Unterhaltung im Lokal. Zwar war Ole noch ein Kleinkind, als die Nazis Norwegen besetzten; nichtsdestoweniger fühlt er sich zum Schimpfen auf die Deutschen berufen. Er schwört Rache für den Krieg, einer gegen alle. Die Polizei wird wegen der folgenden Schlägerei geholt, Ole in Gewahrsam genommen. Zurück bleibt eine weinende Inga.

Irgendwie kommt sie auf die Davidwache. »Unnskyld! Jeg leter etter min mann, han er forsvunnet ...«

»Tut mir leid, gnädige Frau, ich versteh' kein Wort.« (Bei diesem Chaos hier verstehe ich nicht mal mein eigenes! denkt der Heilsarmeesoldat.) Über eine schnellgemachte Tasse Kaffee – für Skandinavier mit der gleichen therapeutischen Wirkung ausstaffiert wie für Engländer die gute heiße Tasse Tee in allen Lebenslagen – komme ich dahinter, daß sie verzweifelt ihren Mann sucht. Das einzige, was sie weiß, ist, daß er im großen Polizeiwagen weggefahren wurde. Aber sie hat keine Ahnung, wohin. Er hat die Autoschlüssel, die Hoteladresse in Flensburg... Auf der Davidwache ist man freundlich, aber kurzangebunden. Ja, einen Norweger hätten sie gehabt; da aber die Zellen total überfüllt waren, ist er auf irgendeiner anderen Wache gelandet.

»Auf welcher? Sie belieben wohl zu scherzen? Das soll ich heute nacht herausfinden?«

Inga ist mittlerweile etwas beruhigt. Mit Glück und guten Beziehungen können wir ein Zimmer in einem nahegelegenen Hotel besorgen, eine norwegische Heilsarmeezeitschrift soll die Nacht verkürzen, wenn nötig.

Inga bekommen wir nicht mehr zu sehen. Als wir uns gleich nach dem Frühstück nach ihr erkundigen, erzählt man uns, daß sie in aller Frühe von ihrem Mann abgeholt worden sei. Der Polizei hatten wir hinterlassen, wo Ole seine Inga nach seiner zu erwartenden Entlassung finden könne.

Ich hoffe, sie sind gut nach Norwegen zurückgekommen. Und ich hoffe, sie haben den Kriegsruf gelesen. Denn dann werden sie verstehen, warum wir mitten in der Nacht noch aufstanden, um ihr zu helfen. Um Jesu willen.

»Fünf Maak is nit viel«

Manche St. Pauli-Besucher meinen, mit ihrer Stippvisite die Grenze zu gefährlichem, unbekanntem Terrain überquert zu haben. Sie klemmen ihre Handtaschen fest unter den Arm und malen sich in Gedanken die Geschichten aus, mit denen sie zu Hause angeben werden. Tatsächlich aber habe ich fast nie erlebt, daß Touristen oder Gottesdienstbesucher in St. Pauli zu Schaden kamen, es sei denn, sie verhielten sich kriminell oder geradezu sträflich dumm. Wer in einer schummrigen Bar sein Bares allzu sichtbar in der Hosentasche herumträgt, braucht sich nicht zu wundern, wenn er sich später benebelt und bargeldlos wiederfindet. Wer seine Zeche nicht bezahlen will – vielleicht weil er sie als überhöht ansieht –, wird feststellen müssen, daß man in St. Paulis Kneipen keine Gnade kennt. Und wer gar meint, seine gutgebaute Freundin könnte »so 'n büschen nebenbei anschaffen« gehen, erfährt unter Umständen, daß die Profis recht unsanft mit den Amateurzuhältern umgehen können ...

A propos Preise: Es gibt nur wenige ausgesprochene »Nepp-Lokale« in St. Pauli. Rigoroses Einschreiten der Polizei hat die Zahl in den letzten zehn Jahren drastisch sinken lassen. Nur noch einige Gastwirte reizen die Kundschaft mit Lockangeboten wie »Live-Show & Bier DM 5,-«.

Herr und Frau Biedermann aus dem Ruhrgebiet meinen: Wenn man einmal in St. Pauli ist, dann muß man auch in so ein Etablissement reingehen. (Muß man übrigens gar nicht; man versäumt nichts.) Werner Biedermann zu seiner Frau: »Wat meinste? Fünf Maak is nit viel.« Das Bier wird bestellt. »Und für die Dame?« »'Ne Cola, dat is nit zu teuer.« Denkste. Das Glas Cola schlägt mit DM 25,- zu Buche. Und die entsetzten Biedermanns können gar nichts dagegen unternehmen; die Preise stehen ordnungsgemäß draußen auf der Getränkeliste. Aber Werner Biedermann hat vor lauter Bierdurst (die Live-Show nicht zu vergessen!) die Karte nur bis »Bier DM 5,-« gelesen. Else Biedermann kann froh sein, daß sie dabei war und ihren Werner vor den etwas zu zutraulichen Damen der Bedienung abgeschirmt hat. Sonst wäre eine Menge Sekt («Hausmarke«) getrunken oder zumindest auf die Rechnung gesetzt worden. In eine solche »Zeche« eingefahren, wäre Werner kaum ohne »Grubenkatastrophe« wieder ans Tageslicht gekommen. Aber wie gesagt, solche Lokale gibt es nicht mehr viele. Daß die Preise oft recht hoch sind, ist eine andere Sache. Die Betreiber halten sie für gerechtfertigt, angesichts der »künstlerisch wertvollen« Programme der Bühnenshows, der neuesten Porno-Filme und verschwiegenen Séparées. Deren künstlerischen Inhalt vermag ich nicht zu beurteilen. Moralisch kann es mich aber nicht kaltlassen, wenn Menschen, die zum Ebenbild Gottes geschaffen sind, das gottgegebene Geschenk der Sexualität öffentlich in den Schmutz ziehen.

Kaum ein Gast, der sich über die hohen Preise wundert oder achselzuckend die Rechnung als »Spesen« beim

Buchhalter einreicht, macht sich aber Gedanken darüber, daß der Gastwirt wahrscheinlich eine enorme Miete für seine Absteige bezahlen muß. Vom Konzessionär über die Grundstücks-GmbH bis zum eigentlichen Besitzer sind oft eine ganze Reihe Zwischenhändler eingeschaltet; alle wollen leben – und das nicht schlecht. Schließlich ist am Ende der Kette ein honoriger Geschäftsmann, der im richtigen Club Tennis spielt und dem niemand ansieht, mit was für Geschäften er seine Millionen gemacht hat ...

Wird auf dem Kiez viel gestohlen? Hier werden Millionen umgesetzt; man ist an wohlhabenden Gästen interessiert, die viel springen lassen. Und die kommen nicht, wenn sie Angst haben müssen, daß ihr Aktenkoffer von Straßenräubern geklaut wird. Der Kiez sorgt selber dafür, daß die kleinen Fische im zwielichtigen Teich nicht allzuviel Kundschaft verschrecken.

In dem Zusammenhang hat mir mal ein Zuhälter erklärt, daß die Heilsarmee bei ihm und seinen Kollegen höchst willkommen sei. Indem wir uns um die lästigen Penner kümmerten, hielten wir die Reeperbahn mehr oder weniger störungsfrei. Wir seien gut für die »Sozialhygiene« auf dem Kiez. Er wünschte uns weiterhin viel Erfolg – damit seine Mädchen die richtigen Freier kriegten und die Alkoholiker seinen Mercedes nicht mehr anpinkelten ... Den letzten Punkt verstand ich sehr wohl, hatten wir doch bis zu unserem Umbau ständig mit stinkenden Urinlachen an der Eingangstür zu kämpfen. Aber ansonsten gab er mir sehr zu denken. Die Heilsarmee – Erfüllungsgehilfin der Zuhälter?

Viele, die nach St. Pauli kommen, sind auf der Flucht: Auf der Flucht vor der Polizei vielleicht weniger, als der Durchschnittsleser oder Krimigucker vermuten würde – aber immer auf der Flucht vor sich selbst.

Aber St. Pauli taugt nicht fürs Untertauchen; zu genau schaut man sich gegenseitig auf die Finger. Beide Seiten haben ihre Spitzel, beide auch ihre »Zivilbeamten«. Ich habe einmal im »Wienerwald« an der Reeperbahn gegessen und fasziniert zugeschaut, wie eine buntgemischte Schar

Zivilbeamte zum Schichtwechsel in die Davidwache strömte. Zumindest waren es solche, die ich für Polizisten hielt. Aber vielleicht lag ich ganz falsch, und es war eine ungewöhnliche Häufung von Berbern, Zuhältern und biederen Geschäftsleuten, die alle irgend etwas auf der Wache zu erledigen hatten . . .

Im »Zillertal«

Manch einer flieht vor sich selber in St. Pauli. Vielleicht versucht er, seinen Frust in den billigen Kneipen am Hamburger Berg zu ersäufen. Oder er ist bemüht, seine sexuellen Minderwertigkeitsgefühle in der Herbertstraße zu verdrängen, indem er den großen Macker spielt. Einige habe ich kennengelernt, die ihr Christsein zu Hause an die Garderobe hängten und nach St. Pauli kamen, um »Weltmensch« zu sein. Eines Samstagabends betrat ich das »Zillertal«, ein großes bayerisches Stimmungslokal auf der Reeperbahn, um dort meine Heilsarmeezeitschriften anzubieten und Geld für unsere Arbeit zu sammeln. Trachtenkapelle, Schweinshaxe, Schunkeln an und zu später Stunde auf den Tischen: Es ist kein schlechtes Lokal, wenn man so etwas mag. (Ich habe meine Eltern an einem Abend hingeschickt, als sie in Hamburg zu Besuch waren – sie mochten es gern!) Das Schwierigste für mich war immer, meine runde Figur durch die vollbesetzten Tischreihen zu zwängen und dann an jedem Tisch meine Bitte in einer für die Gäste halbwegs verständlichen Sprache akustisch verständlich vorzutragen. Die wenigsten Gäste – zumindest zu meiner Zeit – waren Hamburger; Bayern waren auch ziemlich dünn gesät. Dafür gab es um so mehr Touristen von allen Ecken und Enden dieser Erde – hauptsächlich Skandinavier. Daß ich während meiner Zeit in Hamburg einigermaßen Norwegisch lernte, war für mich in einer solchen Situation immer nützlich. Gern ergriff ich im »Zillertal« die Gelegenheit, meine Sprachkenntnisse anzuwenden und mit den Norwegern zu plaudern.

Eines Abends erlebte ich etwas Seltsames: Kaum steuerte ich die Ecke des Lokals an, wo offensichtlich ein Norweger und seine Tischgemeinschaft saßen, sprang er auf und stellte sich lächelnd und plaudernd vor den Tisch. Ging ich einen Schritt nach links, tat er es auch. Verlagerte ich mein Gewicht nach rechts, schob auch er ein Stückchen weiter. Was wollte er vor mir verstecken – und warum? Schließlich sah ich einen halbleeren Maßkrug Bier.

Weder fiel ich deshalb in Ohnmacht – Bier ist in bayerischen Stimmungslokalen kein seltener Anblick –, noch bekam ich einen Tobsuchtsanfall. Ich selber trinke keinen Alkohol, aber ich kann wohl ein Bierglas anschauen, ohne rot zu werden. Fragend hob ich meine Augenbrauen – und dann brach es aus ihm heraus: »Ich bin in Hamburg auf Geschäftsreise. Zu Hause in Norwegen bin ich Gemeindeältester in einer großen Freikirche. In unserer Kirche wird es gar nicht gern gesehen, wenn man Alkohol trinkt . . . Ich habe ja auch gar keine Zeit dazu; jeden Abend Bibelstunden und Gebetsseminare und Vorstandssitzungen . . . Tja, und da habe ich gedacht, hier in Hamburg, wo mich niemand sieht und niemand kennt, da könnte ich . . . Aber dann sah ich Sie in Ihrer Heilsarmeeuniform hier hereinkommen. Und da wußte ich, Einer sieht doch zu.«

Es war nicht der Ort für seelsorgerliche Gespräche; meine Sprachkenntnisse hätten wohl auch dazu nicht gereicht. Aber es war auch gar nicht nötig. Ihm war ins Gesicht geschrieben, daß der Herr selber, der alle Sprachen spricht, am gleichen Abend noch einiges zu sagen haben würde . . .

Kakao und Dampfnudeln

Manch einer flieht vor der Familie. Jahrelang hat der jüngste Sprößling einer nicht unbekannten freikirchlichen Familie bei unserer Weihnachtsfeier am Heiligabend Klavier gespielt – nur, um nicht zu Hause sein zu müssen.

Es gibt sie aber auch noch, die »klassischen« Ausreißer. Ich erinnere mich an zwei, die aus einem Heim entlaufen waren. Vierzehn, fünfzehn waren sie vielleicht, sehr stolz auf den zarten Flaum an der Oberlippe und sehr bemüht, erwachsen zu sein. Meine Kollegin und ich hatten an jenem Samstagabend unsere Arbeit überraschend früh geschafft; wir sahen dem seltenen Luxus eines gemütlichen Abends entgegen. Mein Mann war noch im Parterre im Büro beschäftigt. Wir richteten uns in der Küche ein. Meine Kollegin war eine seltene Spezies: eine Heilsarmeesoldatin aus Bayern! (Dort hat die Heilsarmee Seltenheitswert.) Sie kam auf die Idee, Dampfnudeln zu machen. Und ich – solche kulinarischen Spezialitäten übersteigen mein hausfrauliches Niveau – machte mich daran, Strohsterne zu basteln. Wir hatten nämlich Advent. Mitten in die Idylle, als das Duften der Dampfnudeln einem das Wasser im Munde zusammenlaufen ließ und die Strohsterne zu einem ansehnlichen Berg auf dem Küchentisch angewachsen waren, schellte es. Kai und Peter standen vor der Tür und baten um etwas zu essen. Sie hatten auf der Reeperbahn versucht zu betteln, und irgendeiner – vielleicht jemand, der ahnte, welche eindeutigen Angebote Jungen in einem solchen Alter in dieser Situation zu hören bekommen – hatte ihnen den Tip gegeben, es bei der Heilsarmee zu versuchen.

Normalerweise hätten wir die Bittsteller nicht eingeladen, in die Wohnung zu kommen. Sie hätten ihr Brotpäckchen mit einem Hinweis auf die regelmäßigen Essensausgabetermine bekommen – und das wär's gewesen. Aber die beiden waren fast noch Kinder – und wir waren milde gestimmt durch Weihnachtsmusik und die Aussicht auf Dampfnudeln.

Bald saßen die beiden am Küchentisch. Sie hatten nicht hereinkommen wollen, hatten Angst, daß wir sie festhalten und die Polizei oder das Jugendamt anrufen würden.

Zunächst kam nur mühsam ein Gespräch zustande. Was zu essen wollten sie und kein Gequassel. Keine Fragen. Keine Namen. Brote? Ja, gern. Dampfnudeln mit Vanillesoße? Hört sich gut an. »Was möchtet ihr trinken? Cola? Kaffee?

(Plötzliche Eingebung:) Vielleicht Kakao?« Zwei paar Kinderaugen schauen sich an. Und wie aus der Pistole geschossen, die sie gerne besessen hätten, ein tiefes »Kakao!«

So saßen die Ausreißer bei Kakao, Dampfnudeln und Vanillesoße in unserer gemütlichen Küche gleich um die Ecke von der Reeperbahn und erzählten ihre Geschichte. Ich habe ihnen versprochen zu schweigen, und ich halte mich auch jetzt daran.

Schließlich sahen sie ein, daß der einzig gangbare Weg für sie zurück ins Heim führte, irgendwo in Schleswig-Holstein. Nein danke, ich bräuchte nicht mit zur Davidwache zu kommen, sie seien schließlich keine Kinder.

So stampften sie mit breitgepolsterten Schultern der Polizei entgegen. Wir, für die die Situation etwas Unwirkliches hatte, saßen in der Küche und dachten im Gebet an die beiden. – Als es fünf Minuter später wieder an der Wohnungstür schellte, wußten wir schon: Kai und Peter. »Du hast gesagt, du würdest zur Polizei mitkommen – wir schaffen es doch nicht alleine.«

Über die Küchenschürze schnell Mantel und Heilsarmeehut und ab zur Davidwache mit den beiden jugendlichen Ausreißern.

Gern würde ich hier erzählen, wir hätten sie zu Jesus führen dürfen. Es war aber nicht so. Sie hörten sich höflich an, was wir zu diesem Thema zu sagen hatten, mehr nicht. Ich habe nie wieder von ihnen gehört. Mir wollten sie ihre Adresse nicht geben; die Polizei durfte nicht. Aber ich habe oft an sie gedacht – spätestens bei jedem Becher Kakao –, und ich hoffe, es geht ihnen gut.

Hunger nach Leben

Es war der Hunger, der das Mädchen nach St. Pauli trieb. Nein, genug zu essen hatte sie – wie die meisten Bundesbürger, mehr als genug. Es war der Hunger nach Abenteuer, nach bunten Lichtern, nach dem »wirklichen Leben«, der sie letzten Endes in einem Bordell landen ließ.

Als wir uns kennenlernten, war ich stark erkältet. Ich sah mich außerstande, die lebhafte Kindergruppe zu bändigen und zog mich mit meinen Taschentüchern und tropfender Nase ins Büro zurück, während ein Siebzehnjähriger im Saal mit den Kindern spielte und sang. Plötzlich erschien er im Büro und verkündete, mit der größten Selbstverständlichkeit der Welt: »Draußen ist eine Prostituierte, die raus möchte. Was soll ich mit ihr tun?«

Heilsarmeemitarbeiter – auch die jüngsten – sind eben nicht so leicht zu erschrecken. Leider kommt es nicht allzuoft vor, daß eine der »Bordsteinschwalben« in andere Gefilde fliegen will und um unsere Starthilfe bittet. Warum und wieso – dazu werde ich an anderer Stelle etwas sagen. Zunächst bleiben wir bei Angelika. Bernd brachte sie ins Büro, und ich erfuhr die ganze Geschichte. (In der Zeitung stand es später etwas anders, aber ich bleibe lieber bei meiner Version.)

Angelika kam aus dem ländlichen Westfalen. Sie hatte ein einfaches Gemüt, arbeitete ohne viel Begeisterung in einer Fabrik und hatte eine uneheliche Tochter im Kinderheim. Eines Tages wollte sie eine Freundin im nächsten Dorf besuchen und stellte sich zum Autostopp an den Straßenrand. Das Auto, das anhielt, war aber auf dem Weg nach Hamburg. Je länger sie darüber nachdachte, desto mehr reizte Angelika der Gedanke an die Großstadt, an Discotheken und das große Abenteuer. Und so stieg sie eben nicht im nächsten Dorf aus, sondern fuhr mit nach Hamburg. Einfach so. »Es wird sich schon was ergeben«, dachte sie sich. Wie wahr.

»Wo soll ich Sie denn in Hamburg absetzen?« fragte ihr Chauffeur. »In welchem Bezirk wohnen Ihre Bekannten? Oder ... fahren Sie einfach auf eigene Faust los?«

»Ich ... hmm ... ich möchte was erleben. Nach St. Pauli möchte ich, bitte!«

Der hanseatische Autofahrer hat sich wohl seinen Teil gedacht, aber nicht versucht, die Situation auszunutzen. Er lieferte sie prompt an der Reeperbahn ab und verschwendete keinen weiteren Gedanken an sie.

Angelika schaute sich um. Neonreklame und laute Musik lockten sie in eine große Discothek. Sie erschrak – im Vergleich zur Dorfdisco hatte diese eine ganz andere Dimension! Aber Angelika sah nicht schlecht aus; sie konnte sich gut bewegen und fand schnell genug Gäste, die ihr die Cola mit Schuß bezahlten. Sie tanzte ausgiebig und vergaß, daß sie noch kein Bett für die Nacht hatte. Aber auch das sollte kein Problem sein. »Was, du hast noch keinen Schlafplatz, Mädchen? Kannst zu mir kommen!« sagte einer ihrer Tanzpartner.

Aus der einen Nacht wurden mehrere. Ihr Freund war rührend um sie besorgt; kaufte Wäsche und Kleidung, führte sie jeden Abend in die Disco aus. Schließlich – nach einer Woche – rückte er mit der Bitte heraus, sie möge doch auch irgendwie etwas zum gemeinsamen Lebensunterhalt beisteuern. »Aber wie denn? Ich hab' doch nichts gelernt!« »Och, das würde ich nicht sagen. Im Bett stellst du dich nicht schlecht an! Da wüßt' ich was . . .« Gesagt, getan. Angelika fand es gar nicht ungewöhnlich, daß ihr neuer Freund zufällig die Adresse eines Bordells kannte, wo noch eine Arbeitskraft gesucht wurde. Brav ging sie zum Gesundheitsamt und erwarb den nötigen »Bock-Schein«. Er hatte ihr doch die hübschen Kleider gekauft: Sollte sie da nicht dankbar sein?

Aber es gefiel ihr nicht. So anstrengend hatte sie sich die Arbeit nicht vorgestellt. Sie sehnte sich nach Landluft und Dorfdisco. Nur – alles, was sie verdiente, zerrann irgendwie zwischen den Fingern. Zimmermiete stundenweise, Wäsche, Getränke, Essen vom Lokal um die Ecke: es ergab eine erkleckliche Summe auf dem Notizblock der Puffmutter. »Wer Blockschulden nicht bezahlt«, hatte man ihr erzählt, »dem wird das Gesicht zerschnitten!« Nein, da konnte sie nicht sparen. Und zu Hause wartete ihr Freund und hatte auch immer kostspieligere Wünsche. Da gab es nur eins: Die Polizei, dein Freund und Helfer!

Angelika marschierte in die Davidwache und erzählte ihre Geschichte. Man bedauerte, leider nicht mit der Fahrkarte nach Westfalen aushelfen zu können. Aber nein, sie habe gar nichts zu befürchten, schließlich sei sie volljährig und beim Gesundheitsamt gemeldet. Der Freund allerdings, der sich von ihr aushalten lasse . . . wo wohnte er noch mal . . .?

Als Angelika nach ihrer »Schicht« nach Hause kam, war der Freund nicht da. Die Polizei hatte inzwischen ihren alten Bekannten in der neuen Wohnung aufgesucht und gleich mitgenommen. Einen Wohnungsschlüssel hatte sie nicht. Ratlos kehrte sie nach St. Pauli zurück und erzählte einigen Kolleginnen, was passiert war. »Was, du warst bei der Schmiere, du alte Petze!« »Warte, bis er draußen ist!« »Hast du echt geglaubt, die Polente gibt dir 'ne Fahrkarte, du blöde Kuh?« (Sie verstehen, daß ich den Dialog nicht wörtlich weitergeben kann; er wäre nicht jugendfrei.)

Eine ältere Prostituierte zog sie zur Seite und gab ihr den Rat: »Wenn du schlau bist, geh zur Heilsarmee in die Talstraße. Gleich über die Reeperbahn. Aber vergiß, daß ich's dir gesagt habe!«

Auf diese Weise stolperte Angelika in unsere Kinderstunde. Bei einer Tasse Kaffee diskutierten wir die nächsten Schritte. Angelika machte sich Vorwürfe, daß sie ihren »Freund« an die Polizei verraten hatte. Hatte er ihr nicht gerade vorgestern dieses süße Täschchen gekauft? Wieso – mit ihrem eigenen Geld? Es war doch sein Geld: sie hatte es ihm geschenkt, oder? Andererseits war es nicht (ihre Worte) das Gelbe vom Ei, jede Nacht für sechs bis sieben Männer dazusein. Also doch raus aus der Stadt . . .

Es dauerte keine drei Stunden, und Angelika war, unauffindbar für die Unterwelt, in einem christlichen Haus außerhalb Hamburgs untergebracht. Sie solle ein wenig zu sich kommen, solle überlegen und nachdenken, hatten wir ihr geraten. Nicht gesagt, aber gehofft hatten wir, daß sie nicht nur ihr unvernünftiges Handeln, sondern auch ihre Sünde einsehen würde. Wobei die Sünde in erster Linie nicht auf der Tätigkeit der letzten Wochen beruhte, sondern auf der Unfähigkeit eines jeden Menschen, ohne Vergebung vor Gott zu bestehen ...

Aber die Sehnsucht war stärker. Nach drei Tagen verschwand sie aus der frommen Idylle, um ihren »Freund« im Untersuchungsgefängnis zu besuchen. »Ich kann ihn noch nicht verlassen«, meinte sie. »Er ist der erste Mann, der mir jemals etwas geschenkt hat!«

Daß sie selber mit ihrer Arbeit als Prostituierte diese Geschenke finanziert hatte, störte sie nicht. Sie würde weiter an der Hauswand stehen, mit dem »süßen Täschchen« winken und hoffen, irgendwann den gemeinsamen Lebensunterhalt anders verdienen zu können. Die blauen Flecke würde sie mit Schminke kaschieren und eben versuchen, ein bißchen mehr Geld nach Hause zu bringen. »Dafür kauft mir mein Dieter schöne Geschenke. . .!«

Wie gesagt: Der Hunger nach Abenteuer trieb Angelika nach St. Pauli. Geblieben ist sie aus Hunger nach Liebe.

Der britische Soldat

Manch einer ist nicht freiwillig in St. Pauli. Dabei denke ich weniger an uns Heilsarmeeoffiziere, die hierhin versetzt werden oder an Sozialhilfeempfänger, denen das knappe Geld keine Alternative läßt zu den heruntergekommenen Altbauwohnungen mit Kohlenheizung und Klo eine halbe Treppe tiefer. Ich denke zum Beispiel an einen jungen Engländer. Seinen Namen habe ich leider vergessen, aber alles andere ist mir noch sehr lebendig in Erinnerung. Nennen wir ihn Philip.

Als wir von der Freiversammlung auf der Reeperbahn in die Talstraße biegen, sehen wir einen jungen Mann in der Nähe eines glänzenden, großen Wagens mit ausländischem Nummernschild stehen. Einen sehr jungen Mann, fast noch ein Kind. Das ist an sich nichts Ungewöhnliches. Nur, daß er eine halbe Stunde später immer noch da steht, macht mich stutzig. Nummernschild und Haarschnitt lassen auf einen Briten schließen. Mein mütterlich britisches Herz (nehmen Sie das nicht zu wörtlich; man hat mich wegen mangelndem Patriotismus bei den Pfadfindern fast rausgeschmissen) zwingt mich zur Kontaktaufnahme. Ob er auf jemanden warte? Über seine Antwort muß ich mich aufregen. Philip, knapp siebzehn und somit nach deutschem Gesetz noch nicht einmal führerscheinfähig, ist Fahrer beim Militär. Heute hatte sein Chef Lust auf St. Pauli; somit brachte Philip ihn auf Befehl aus der Lüneburger Heide nach Hamburg. Jetzt ist der Herr Major verschwunden, und Philip muß warten. Warten in der Kälte, ohne sich vom Auto zu entfernen. Im Auto sitzen darf er nicht. In einer Bar sitzen will er nicht. Es kann sein, daß er die ganze Nacht warten muß, angemacht von Männern auf der Suche nach Frischfleisch für den Homo-Strich, von Mädchen, die meinen, mit einem Anfänger leichtes Spiel zu haben. Währenddessen vergnügt sich der Herr Major, wie man sich eben in St. Pauli vergnügt: ein Pornofilm oder zwei, reichlich Getränke in einer exklusiven Bar, danach vielleicht ins Séparée ...

Philip verbringt den Abend bei uns. Leider ist es nicht das letzte Mal, daß der Junge, christlich erzogen und noch nicht durchs rauhe Kasernenleben verroht, bei uns klingelt, weil sein Chef sich wieder mal ins Vergnügen stürzen wollte.

Schließlich wird es mir zu bunt; ich schreibe der Militärbehörde und frage den Kommandanten, ob er vor Gott und seinen eigenen Kindern verantworten könne, was seine Offiziere von minderjährigen Befehlsempfängern verlangten. Antwort bekomme ich nicht. Aber irgendwann eine glückliche Postkarte von Philip, weit weg von Bars und Bordellen, irgendwohin versetzt.

Ich weiß: Wer alt genug ist, Soldat zu sein, müßte wohl auch alt genug sein, auf sich selbst zu achten. Trotzdem hat mich die doppelte Moral der Geschichte angewidert. Aber so ist es nicht nur in St. Pauli. Die Prostituierte wird verachtet, ihre Freier als »tolle Hechte« bewundert. Der Drogenabhängige, der sich im Bahnhofsklo schnell seine Spritze setzt, gehört zum Abschaum; der Arrivierte, der sich seine Parties ohne Kokain nicht denken kann, zu den Bewunderten der Gesellschaft. Der Taschendieb wird bestraft, der Einbrecher nicht verschont. »Ganz richtig so«, denkt der brave Bürger und füllt ruhig während der Arbeitszeit seine betrügerische Steuererklärung aus. Doppelte Moral.

Christen in St. Pauli

Es gibt natürlich auch die Frommen, die nach St. Pauli kommen, um dort zu missionieren. Das geht nicht immer ohne Probleme ab. Gewisse Spielregeln müssen gelernt, manche Mißverständnisse aus dem Wege geräumt werden. Dankmar Fischer, Leiter des Missions-Teams-Hamburg und Chef der Heilsarmee-Hilfstruppe, sagt selber, das Team lebe von den jährlich dazugekommenen neuen, frischen Teamlern, die – sehr oft mit schwäbischem Akzent – mit leuchtenden Augen und viel Elan St. Pauli zu Jesus bekehren wollen. Wenn ihre Dienstzeit nach einem Jahr abgelaufen ist, ziehen sie, oft um einige Erfahrungen reicher und um einige Illusionen ärmer, nach Hause. Zum Beispiel eine junge Frau, die in der Freiversammlung interviewt wurde. »Und wie fühlst du dich jetzt?« »Oh, ganz toll. Ich bin so glücklich, seitdem ich im Team bin . . .« Brüllendes Gelächter in der Herbertstraße. »Tja, Mädel«, kam es sofort von einem der Passanten, »wenn ich mit dir intim sein könnte, wäre ich wohl auch glücklich . . .« Die Leute im Team haben unzählige Säcke gebrauchter und manchmal muffiger Kleidung aussortiert, zentnerweise Brote geschmiert und Treppen von Sachen gesäubert, an die ich jetzt nicht denken will. Evangelisiert haben sie auch – zwischendurch. Oder eigentlich mittendrin. Denn wenn einem Hungrigen der Magen knurrt, kann er die Predigt nicht verstehen. Die Christen müssen sich das Recht zu predigen erwerben – und das tun sie in St. Pauli weder auf einer Bibelschule noch bei einer kirchlichen Behörde, sondern indem sie dem Beispiel Jesu folgen, der sich um Menschen kümmerte.

Christen, die die Arbeit der Heilsarmee in St. Pauli kennenlernen möchten, um vielleicht zu helfen oder in ihren Heimatstädten eine ähnliche Arbeit zu beginnen, sind uns natürlich besonders willkommen. Aber auch da gibt es gewisse Verhaltensregeln, die beachtet werden wollen. So ist es nicht ratsam, wenn ein junges Mädchen sich allzu intensiv mit einem fremden Mann unterhält. Zwar sind die Motive der jungen Christin über alle Zweifel erhaben – sie will seine Seele zu Jesus führen. Aber genau so unzweifelhaft ist es, daß früher oder später die verständnisvolle Zuwendung beim angesoffenen Gesprächspartner die große Liebe – zumindest für 24 Stunden – auslöst. Und da kann es Komplikationen geben . . .

Verena kam von einem Dorf mitten im tiefsten Schwarzwald. Am ersten Tag ihres Besuches in Hamburg kam sie in die Coffee Bar und war eifrig dabei, mit Unschuldsblick und langen blonden Haaren Menschen zu einer Tasse Kaffee einzuladen. Vielleicht schaute sie Karl ein wenig zu tief in die rotumrandeten Augen. Auf alle Fälle war er verliebt. Am Ende der Veranstaltung – so gegen 23.30 – baut sich Karl vor der Eingangstür auf. »Ich geh‹ nicht nach Hause, bis ich einen Kuß von der Verena gekriegt hab‹!« Verena, der man im Schwarzwald nie erzählt hat, daß man so schnell Verehrer bekommen kann, kriegt es mit der Angst zu tun und weigert sich, den Heilsarmeesaal zu verlassen. Karl und seine Kumpanen bleiben – so standhaft wie ihr Alkoholspiegel es erlaubt – vor der Tür stehen. Es wird Mitternacht. Gutes Zureden hilft nichts.

Plötzlich habe ich einen Einfall. Kurz vorher wurde ein Notausgang zu unserem Saal installiert. Er führt über eine Eisentreppe in den großen Hof eines Gebäudekomplexes auf der Reeperbahn. Kurz entschlossen schnappe ich mit der einen Hand Verena, mit der anderen meinen Heilsarmeehut und probiere zum ersten Mal die Treppe vor der Hintertür aus. Aber die Nische, wo ich in jugendlichem Leichtsinn den Ausgang zur Straße wähnte, entpuppt sich als Mülltonnenecke. Nirgendwo sehe ich im Dunkeln einen Ausgang. Gerade will ich an die nächste Hoftür klopfen, da geht sie auf und ein – naja, ich würde sagen »Zuhälter«, aber da ich es nicht weiß, sage ich lieber »Geschäftsmann«, erscheint.

Wer ist erschrockener – Verena und ich oder der vom blonden Engel und Heilsarmeehut Überraschte? Ich erkläre ihm schnell die Sachlage. Daß Karl in der anderen Straße vor der Tür Wache hält. Und daß Verena nicht möchte. Natürlich kann er sich die routinierte Frage nicht verkneifen, ob sie denn lieber mit ihm ...? Aber ein zweiter Blick läßt ihn die Schultern zucken. »Na, dann kommt mal hier durch. Aber macht die Augen zu, Mädels, in den hinteren Räumen laufen ganz scharfe Pornos!« Gehorsam gucken wir nicht zu der großen Leinwand hin, tapsen durch einige Hinterzimmer – und tauchen in der Tür eines bekannten Etablissements auf. Blinzelnd geht Verena den bunten Lichtern der Reeperbahn entgegen, wo ihre Freunde auf sie warten, um sie in sicherere Gegenden zu bringen. Ich biege um die Ecke in die Talstraße, um Karl in seinem Liebeskummer zu trösten.

Er hat es überlebt. Und Verena hatte wenigstens etwas im Schwarzwald zu erzählen ...

Verzicht auf Alkohol

Die Heilsarmee verlangt von ihren Mitgliedern absoluten Verzicht auf Alkohol. Seit Beginn ihrer Tätigkeit in den Elendsvierteln des Londoner Ostens war den Gründern der Heilsarmee klar, daß der Alkohol Verursacher von unsagbar viel Not, Gewalt, Leid und Kummer ist. Schon in der ersten Zeit wußten die »Heilssoldaten«, wie sie auch genannt werden, daß sie es nur mit dem Beispiel der Abstinenz schaffen konnten, den Alkoholikern ein Beispiel zu sein. Jeder Alkoholiker trinkt – wie er selber meint – »nur in Maßen«. Wie groß das »Maß« an einem Abend ist, verschweigt er! Er braucht Menschen, die ihm vorleben, daß man ohne promillehaltige Getränke nicht nur existieren, sondern auch feiern kann. Er muß eine Umgebung finden, wo er seine Freizeit verbringen kann, ohne zu einem Schluck verführt zu werden. («Sei kein Spielverderber!«) Und deshalb, um der Schwächeren willen, verlangt die Heilsarmee nach wie vor von allen ihren Soldaten, daß sie auf Alkohol verzichten. Ich kann keinem glaubhaft klarmachen, daß er das Trinken sein lassen muß, wenn ich mein Pils im Kühlschrank schon kaltgestellt habe – und er das auch weiß.

Ich muß bekennen, als ich in die Heilsarmee eintrat, fand ich das alles ein wenig übertrieben. Alkohol mochte ich sowieso nicht besonders, somit war es keine besonders heldenhafte Tat, völlige Abstinenz zu versprechen. Tabak ist den Offizieren ebenfalls seit Gründung der Heilsarmee verboten; für die Soldaten kam dieser Zusatz erst vor knapp zwanzig Jahren dazu. Kann ich wirklich, fragte man sich damals, einen Alkoholiker über Suchtgefahren aufklären, während ich krampfhaft in meinen Jackentaschen nach der nächsten Zigarettenpackung suche?

Als ich in den sechziger Jahren Heilssoldatin wurde, war es den Heilsarmeemitgliedern noch nicht verboten zu rauchen, aber es wurde nicht gern gesehen. Ich hatte sowieso nie allein geraucht – mir schmeckte die Zigarette einfach nicht -; für mich waren wie für so viele andere Jugendliche die weißen Glimmstengel ein Accessoire des Erwachsenseins. Deshalb sah ich mich dazu genötigt, in der Öffentlichkeit zu rauchen. Wie dankbar war ich, als man mich in der Heilsarmee direkt darauf aufmerksam machte, daß es eigentlich nicht ganz ...

Von dem Augenblick an brauchte ich die Zigarette als Beweis meines Erwachsenseins nicht mehr, ich hatte einen anderen: »Nein danke, ich habe das Rauchen aufgegeben!« Ich tauschte die äußeren Merkmale meiner Volljährigkeit gegen die überhebliche Gelassenheit des Ex-Rauchers und hielt ohne Probleme das von mir verlangte Abstinenzversprechen. Aber überzeugt war ich eigentlich nicht. Ist die Heilsarmee nicht ein wenig zu streng, wenn sie ihren Leuten verbietet, zu Silvester ein Glas Sekt zu trinken? Wäre es so schlimm, wenn mein Mann zum Schweinebraten ein kühles Glas Bier trinken würde?

St. Pauli hat mich von solchen Zweifeln kuriert. Nachdem ich gesehen habe, was Alkohol aus Menschen machen kann, wie er friedliche Bürger in um sich schlagende Gewalttätige verwandelt, könnte ich fröhlich zusehen, wenn der ganze Ausstoß der Brauereien in die Elbe umgeleitet würde – wäre ich nur nicht genauso sicher, daß sich die Hälfte der Bewohner von St. Pauli in die Fluten stürzen würde!

Wertvolle Menschen, die der Welt viel zu geben hätten, gehen kaputt: Einen über den Durst getrunken, Unfall gebaut – Führerschein und Job ist weg, der Abstieg programmiert.

Ich habe Menschen einen Anfang mit Christus machen sehen, habe die ersten Wochen und Monate des »Neugeborenen« begleitet – und mußte erleben, daß die alte Sucht, der Griff zur Flasche, wieder zu stark wurde. Menschen, die gewaschen und gekämmt, mit neuer Kleidung ausstaffiert und mit jugendlichem, hoffnungsfrohem Gang den Weg in die Therapie angetreten hatten, kamen allzuoft mit hängenden Schultern, glasigen Augen und einem quälenden Durst nach St. Pauli zurück. Oder sie verschwanden ganz aus unserem Blickfeld; Gott allein weiß, wo sie sind. Ich hasse den Alkohol. Und ich hasse Satan, der ihn benutzt, um Menschen kaputtzumachen.

Natürlich gibt es – Gott sei Dank – manche, die es pakken. Der Heilssoldat, der in der Heilsarmeegemeinde den Büchertisch betreut, hat jahrelang auf der Reeperbahn gebettelt, bis Gott ihn packte. Er bekehrte sich zu Jesus Christus und erlebte Wunder Gottes in seinem Leben. Allerdings war ich nicht ganz so begeistert, als mir die zarten Bande auffielen, die während des Gebetskreises von ihm geknüpft wurden. Eine fromme Krankenschwester und ein arbeitsloser trockener Alkoholiker – kann das gut gehen? fragte ich mich im stillen. Mein Mann Rudolf traute die beiden im Heilsarmeesaal in der Talstraße. Und Gott – fast, als ob er zeigen wollte, daß er keine halben Sachen macht – schenkte ihnen wider alle ärztliche Prognosen einen gesunden Sohn. Den nannten sie Johannes, »Gott ist gnädig«. Dazu kann ich nur sagen: »Amen.«

Jeden Freitag und Sonnabend stehen mein Mann und ich in Hamburgs Einkaufsstraße, der Mönckebergstraße. Dort singen wir, verkaufen unsere Heilsarmeezeitschriften und knüpfen Kontakte zu den Leuten, die uns ansprechen. Ehrlich gesagt, als wir vor fast zwanzig Jahren anfingen, zu zweit auf der Straße zu singen, habe ich mich furchtbar geschämt. In der ersten Stunde stand ich mit geschlossenen Augen da, unfähig, die Vorbeigehenden anzuschauen. Mit der Zeit hat sich das gegeben, aber von dieser ersten Zeit stammt ein Notenständer, der zwei Menschen zu Gotteskinder gemacht hat.

Meine Nervosität versuchte ich mit einem Filztuch zu kaschieren, das vor dem Notenständer baumelte und als psychologische Barriere zwischen mir, meiner Gitarre und den Blicken der Zuschauer dienen sollte.

Mein Mann hat eine sehr schöne Stimme. (Wenn ich Ihnen sage, daß ich mich zuerst in seine Stimme verliebte und daraufhin die Bekanntschaft des Sängers suchte, werden Sie wissen, wie schön.) Es ist nicht ungewöhnlich, daß Menschen auf der Straße stehenbleiben, um zuzuhören.

Bei Georg war mir das aber unangenehm. Er kam jede Woche vorbei, manchmal mehr, manchmal weniger angetrunken, hörte dem Gesang zu und wechselte mit uns ein paar Worte. Doch einmal war er stark angetrunken. Schon beim Herannahen stieß er den Notenständer fast um. Während mehrerer Lieder befürchtete ich, der ganze Aufbau würde komplett mit Tuch und Liedermappe umkippen. Deshalb – und nur deshalb, ich muß es zugeben – sprach ich ihn an. »Es ist doch kalt hier draußen. Mein

Mann singt auch bei uns in den Heilsarmeeversammlungen. Kommen Sie doch am Sonntag in die Talstraße, da können Sie besser zuhören!«

Meine Motivation war nicht die christlichste – ich wollte ihn nur von dem Notenständer weghaben! Aber Gott ist der souveräne Herr und zieht zu sich, wen er will. Georg kam nämlich (zu meiner Überraschung) in den Gottesdienst. Er kam immer wieder, oft im angetrunkenen Zustand. Es war manchmal peinlich, wenn er sich in den Versammlungen zu Wort meldete, um lallend zu sagen, wie froh er sei, unter uns zu sein. Bald riefen wir die Versammlungsbesucher gar nicht mehr so gern auf, freiwillig von ihrem Erleben mit Jesus Christus zu erzählen, weil allzuoft Georg die eintretende Stille nutzte, um seine Worte loszuwerden. Aber eines Tages stand Georg nach der Bibelansprache auf und kam nach vorne, um seine Sünden vor Gott zu bekennen und ein neues Leben mit ihm zu beginnen. Mein Mann führte lange Gespräche mit ihm; es war auch eine stationäre Therapie nötig. Aber er hat es gepackt. Statt in der Innenstadt Notenständer umzuschmeißen, führt er nun ein kleines Unternehmen. Auch seine Mutter ist inzwischen Christ geworden.

Jugendwohnung Dritter Stock

Alkohol verändert Menschen zu ihrem Nachteil. Wenn Sie sehen, wie Frauen vor 20 oder 30 Männern ohne Scham ihre Jeans ausziehen und ihre Notdurft verrichten, lernen Sie den Alkohol hassen. Wenn Sie über lange Zeit Seelsorge bei einer leicht geistig behinderten Frau treiben, deren Behinderung daher rührt, daß ihre Mutter auch während der Schwangerschaft den Alkohol nicht lassen konnte, verwünschen Sie die bunten Werbekampagnen der Getränkeindustrie. Wenn Sie sehen, wie aus einem hübschen, labilen Siebzehnjährigen fünf Jahre später ein verlebter, verbrauchter, zahnloser alter Mann geworden ist, der liebevoll an seiner Wodkaflasche nuckelt – dann können Sie zum überzeugten Abstinenzler werden!

David hieß dieser junge alte Mann. Vielleicht könnte ich schreiben, »heißt«, aber ich weiß nicht, ob er noch lebt. Als wir ihn kennenlernten, war er der Anführer einer Jungen-Clique auf St. Pauli. Eines Tages hatten wir nach der Versammlung wieder mal eine Hofmission durchgeführt. (Hofmissionen sind Straßengottesdienste mit wechselndem Standort; sie entstanden, als die Heilsarmeesoldaten am Anfang ihrer Tätigkeit in Deutschland immer wieder von öffentlichem Grund und Boden verjagt wurden. Hielten sie aber ihre Freiversammlungen in den Höfen der Arbeiterbezirke ab, konnten sie gut eine Viertelstunde singen und predigen, bis der Grundstückseigentümer ermittelt und Strafantrag gestellt war.)

Bei diesem wandelnden Gottesdienst trafen wir David und seine Freunde. Eine Schwester lud sie zum Jugendclub ein, zum JWD, »Jugendwohnung Dritter Stock«. Dorthin kamen sie dann auch prompt am folgenden Dienstag, vier oder fünf Jungen,deren erklärtes Berufsziel es war, Zuhälter zu werden. Bei David, dem anerkannten Chef der Bande, war ich mir ziemlich sicher, daß es ihm gelingen würde. Er trainierte bereits im Boxkeller der »Ritze«, wo verschiedene Arrivierte seiner Profession ebenfalls ihre Muskeln spielen ließen.

David wohnt mit seiner Familie in einer Bruchbude auf St. Pauli. Wie in schlimmsten Nachkriegszeiten gab es Apfelsinenkisten statt richtiger Möbel. Alkoholsucht hatte alles kaputtgemacht. Später brachte ein Heilsarmeesoldat ihnen Möbel; sie wurden zu Kleinholz geschlagen oder gegen Schnaps eingetauscht. David war nicht dumm. Aber König Alkohol hatte ihm die Startchancen nie gegönnt, die andere gut nutzten. Probleme? Die Antwort: Schnaps. Langeweile? Schnaps. Etwas zu feiern? Klar, Schnaps muß her! Er hatte es nie anders gesehen.

Im JWD begann eine Bekanntschaft, die mich viele Nerven kosten sollte. Denn David und seine Freunde waren nicht die Art Jugendliche, die man normalerweise in frommen Jugendkreisen findet. Sie hatten nichts dagegen, Billard zu spielen, gelegentlich auch Tischtennis. Allerdings kamen die anderen nicht oft dran. Sie brachten ihre Freundinnen mit und schmusten, während die übrigen Bibelarbeit machten. Waren sie angetrunken, richteten sie ein kleines Chaos an; waren sie nüchtern, konnten sie lieb und freundlich, offen und ehrlich sein.

Was habe ich mir nicht alles einfallen lassen, in der Hoffnung, ihr Interesse während der Bibelarbeiten wachzuhalten! Manchmal gelang es, oft aber nicht.

Einmal brachte David seine Pistole in den Jugendclub mit. Ich ging zu ihm hin. »David, du weißt, dieser Club ist eine waffenfreie Zone. Steck deine Pistole bitte weg.« Er versprach es – aber ich war nicht überrascht, als ein Mädchen aufgeregt zu mir kam: »Du, Christine, der David ist im Billardraum und zeigt seine Pistole rum!« Damals gehörten zum Jugendclub genug junge Mädchen, deren Mütter gar nicht begeistert waren, daß ihre Töchter zur Heilarmee gingen. Einmal zu Hause von Waffen erzählt, und sie hätten nie wieder kommen dürfen. Auf der anderen Seite hatte die bloße Gegenwart von solchen Exoten wie David und Konsorten zu einer reichlichen Ansammlung junger Bewunderinnen geführt – und sie brauchten wirklich nicht noch einen Beweis seiner Macht.

Ich erhob mich also von dem Brettspiel, das ich mit einem jungen Mann spielte, und ging ins Billardzimmer. »David, ich hab' dir gesagt, du sollst die Pistole nicht rumzeigen. Gib sie bitte her. Du kannst sie später bei mir abholen, wenn du gehst.« Zu meiner grenzenlosen Verblüffung schaute mich David an, griff in seinen Anorak und überreichte mir wortlos eine schwere Pistole. Ich hatte noch nie so etwas in der Hand gehabt und wußte gar nicht, wie schwer so eine Waffe ist. In den Filmen sieht es alles so leicht aus . . .

Da stand ich nun. Ich dachte mir zwar, es könne sich nur um eine Schreckschußpistole handeln, wollte es aber nicht auf einen Versuch ankommen lassen. Was nun? Kurz entschlossen (und mit mehr äußerer Lässigkeit, als ich tatsächlich empfand) steckte ich die Pistole in den Rockbund und ging zurück zu meinem Brettspiel.

An dem Abend hatten wir Christen von »Jugend mit einer Mission« eingeladen, die Bibelarbeit zu übernehmen. Es ging alles gut. Nur war ich überrascht, als mich zum Schluß eine junge Frau fragte: »Ist es wirklich so gefährlich bei euch, daß du nur bewaffnet die Jugendstunde halten kannst?« Ich hatte die Pistole im Rockbund vergessen.

Aber schließlich nahmen die Aggressionsausbrüche überhand. Wir hatten die Jungen in den Arm genommen, wenn sie weinten, und schweigend vor dem Jugendgericht auf sie gewartet. Ihr Erbrochenes hatten wir weggewischt, ihre Jugendstrafen arbeiteten sie bei uns ab. Aber es wurde zuviel.

Viele der anderen Jugendlichen im Club hatten mit der Hilfe Gottes ihre eigenen Alkoholprobleme gerade überwunden. Sie waren arbeitslos, kamen gefrustet von der Warterei auf den Ämtern zu uns ins JWD. Oder sie hatten in der Fabrik mechanische Handgriffe ausgeführt und sich auf einen netten, entspannten Abend unter Freunden gefreut. Jetzt wurde ihr Abend, ihr JWD, Stück für Stück zerstört. Aggression auf beiden Seiten. Wir hielten Kriegsrat. Ein Drittel meinte im Blick auf die jungen Alkoholiker: »Wir wollen sie halten und können es auch aushalten.« Ein weiteres Drittel meinte: »Wir würden sie gern halten, können es aber nicht.« Und ein letztes Drittel sagte: »Wir können sie nicht halten – und wollen es auch nicht!«

Es wurde meine Aufgabe, Davids Jungen zu sagen, daß sie bitte eine Weile unser Haus nicht betreten sollten. Sie könnten die Billardstöcke eines anderen Clubs zertrümmern und ihre Haschzigaretten auf irgendwelchen anderen Toiletten konsumieren.

Ich hatte meine starken Bedenken. Sollten diese Jugendlichen, die bereits in jedem »Haus der Jugend« rundherum Hausverbot hatten, auch von den Christen aufgegeben werden? Könnte es nicht sein, daß Fürbitte und Liebe Wunder bewirkten, wie man es aus frommen Büchern und Zeugnissen hört? Andererseits – durfte ich riskieren, zwanzig gar nicht so stabile neue Christen und ihre Freunde zu verprellen, nur um meinem Heilsarmeeheiligenschein weiteren Glanz zu verleihen? Und schließlich – unser Haus war gar nicht so gebaut, daß es leicht gewesen wäre, fünf oder sechs Halbstarke fernzuhalten ...

Ich beugte mich der Mehrheit und sprach das Hausverbot aus. Der nächste Dienstag kam. Alles blieb ruhig, wir atmeten erleichtert auf. Auch der Jugendclub am Sonnabend war ungewohnt ruhig. Aber ein paar Wochen später stürzte ein junges Mädchen in die Küche, wo ich mit einigen anderen Spaghetti kochte: »Sie kommen!«

Breitbeinig und durch Alkohol enthemmt, standen sie an der Etagentür und verlangten lautstark Einlaß. »Wir haben euch geschrieben, daß ihr eine Weile nicht kommen sollt. Ihr habt einfach zuviel gestört – und zerstört.«

Wortlos drehten sie um und polterten die Treppe hinunter. Sie kamen wieder – diesmal nicht allein. Mitgebracht hatten sie ihre Freunde vom Box-Club auf der Reeperbahn, erwachsene Männer mit verdächtig ausgebeulten Jacken und den tätowierten Kennzeichen der internationalen Knastbruderschaft. Vor David und Co. hatte ich keine Angst. Ich war mir sicher, daß sie mir nichts tun würden. Aber diese unbekannten Männer?

»Eh, Alte – wir hören, du willst unsere jungen Freunde nicht in deinen Scheißclub reinlassen?«

»Ja, ihr habt richtig gehört. Wenn er so bescheuert ist, warum wollen sie denn kommen?«

»Naja. Jetzt wollen wir rein.«

»Nein, heute abend haben wir eine geschlossene Gesellschaft.« Ich zog die Etagentür fest hinter mir zu. Jetzt stand ich mit fünf, sechs Männern allein auf dem Treppenabsatz.

»Los, Alte – mach die Tür auf, sonst treten wir sie ein!«

Ich – mit so viel Festigkeit in der Stimme, wie ich zustandebringen konnte: »Nein.«

Zwei Stunden standen wir vor der Tür, taxierten uns gegenseitig, konterten Argument mit Argument. »Hinhalten«, dachte ich, »je länger wir uns hier draußen unterhalten, desto besser.«

»Tino«, maulte David. »Wir wollen da rein!«

»Halt den Mund, Junge. Siehst du nicht, daß ich mich mit der Dame unterhalte?«

»Soll ich dir mein Messer zeigen, Alte?« fragte einer und griff drohend in seine Jacke.

»Nein, danke, ich habe hier schon öfters solche Messer gesehen«, antwortete ich. (In der Tat hatte es eine Zeit gegeben, wo einer im größten Gewühl an der Kaffeetheke mit irrem Blick immer wieder ein feststehendes Messer vor sich gehalten hatte. Meistens wurde er daher von zwei jungen Heilsarmeemitgliedern »gefilzt«, bevor er den Raum betrat. Einmal fanden sie zwei Messer bei ihm. Das dritte übersahen sie. Das sorgte eine Weile für Aufregung in der Kaffeepause. Aber die beiden jungen Brüder waren jetzt nicht mehr in Hamburg. Christof war weggezogen, Klaus auf der Offizierschule der Heilsarmee.) »Kannst das Messer ruhig in der Jacke lassen, ich bin nicht neugierig.«

Warum war es bloß so ruhig da drin? Dreißig junge Leute konnten doch nicht so still sein ...

Untätig waren sie nicht. Direkt hinter der geschlossenen Tür – wie ich später erfuhr – warteten einige der stärkeren jungen Männer, um sich ins Gewühl zu stürzen, falls sie einen beunruhigenden Ton von mir hörten. Manche von ihnen hatten große Angst, Angst, daß die mehr oder weniger beherrschte Gewalt wieder bei ihnen durchbrechen könnte, wenn sie einmal zuschlagen müßten. Die Mädchen waren mittlerweile im großen Raum versammelt und beteten um die Wette, daß es nicht zu einer großen Schlägerei kommen würde. Müßten wir nämlich einmal die Polizei holen, um mit unseren Gästen fertigzuwerden, wäre unsere Vertrauensbasis auf dem Kiez erheblich gestört ...

Punkt 22.00 Uhr – die übliche Zeit, keine Minute früher, allerdings auch keine Minute später, wie ich dankbar feststellte – ging die Tür von innen auf. »So, wir sind fertig, Christine. JWD hat Schluß für heute!« Dreißig junge Leute drückten sich schweigend oder fröhlich plaudernd an den grimmig aussehenden Männern im Treppenhaus vorbei. »Ja, meine Herren, Sie brauchen nicht länger zu warten. Jetzt ist der Jugendclub vorbei, wir stören das Programm nicht mehr. Möchten Sie jetzt reinkommen und gucken? Nein? Schade. . .« Die Männer und ihre junge Ersatzmannschaft um David stiegen schon wortlos die Treppe hinunter.

Ich ging selber eine Etage tiefer in unsere Wohnung. »Na, waren welche da? Es war so ruhig oben, kein Gepolter im Tischtennisraum . . .«

»Rudolf«, sagte ich müde, »mach mir erst einen starken Kaffee. Nein, es gab kein Gepolter.«

Den einen oder anderen der Jungen sahen wir später auf der Straße wieder. Einer hat anscheinend die Kurve gekriegt, hat seine Lehre zu Ende gemacht und ist jetzt bei der Bundeswehr. Aber die anderen sehen mit trüben Augen in die Zukunft. Und David – David ist alt geworden. Mit einem eigenen Lokal Pleite gemacht, blieb ihm nur die Flasche . . .

Hätten wir anders handeln sollen, können, müssen? Ich weiß es nicht. Aber das Bild eines verlorenen Siebzehnjährigen mit Wodkafahne und einem wunden Herzen kommt mir oft in den Sinn, wenn wir in der Versammlung singen:

»Der Heiland der Welt kam, von Liebe erfüllt,
hinein in den Jammer der Zeit;
wo Nebel der Sünde den Menschen umhüllt,
nach Wasser des Lebens er schreit.
Und ach, es gibt Felder, die stehen noch leer,
es hungern die Seelen nach Brot.
Manch Auge noch weint, manches Herz leidet schwer,
bedränget von innerer Not.
– Herr, fülle mein Herz mit Erbarmen,
wie wohnet dein Geist sonst in mir?
Laß all mein Bemühn deine Liebe durchglühn.
Ich weiß, dieses find ich in dir . . .«

Mädchen

Aus den Geschichtsbüchern der Heilsarmee kenne ich die Berichte. Damals, vor über hundert Jahren, scheute die Heilsarmee weder Mühe noch Skandal, den »gefallenen Mädchen« der englischen Bordelle zu helfen. Man nahm die Prostituierten in der eigenen Wohnung auf; später wurden kleine Heime eingerichtet, wo ein »ehrliches Handwerk« – meistens Weißwäschenähen – gelernt werden konnte. Offizierinnen zogen von einer Villa zur anderen, um die gestichelten Produkte ihrer Schützlinge zu verkaufen und damit deren Lebensunterhalt zu sichern. Aber man gab sich nicht damit zufrieden, das Kind abzutrocknen, nachdem es in den Brunnen gefallen war. Die Ursache selber gehörte aufgedeckt: die Mädchensklaverei!

Damals, in den letzten Jahrzehnten der viktorianischen Zeit, rumorte es. Viele unhaltbare Zustände, die die Gesellschaft vergiftet hatten, wurden von Sozialreformern in Großbritannien und anderswo aufgedeckt. Aber eine Sache wurde mit aller Gewalt totgeschwiegen: Die Verschleppung und der Verkauf von Kindern in Bordelle. Mädchen genossen keinerlei Schutz und konnten – von fadenscheinigen Arbeitsangeboten gelockt oder gar bewußt von ihren Eltern an Puffmütter verkauft – als Prostituierte angeheuert und gegen ihren Willen festgehalten werden. In vielen Fällen wurden sie aufs europäische Festland oder nach Arabien geschleppt und verbrachten ihre Tage und Nächte als Sklavinnen ihrer Ausbeuter. Verschiedene Anläufe, die Mädchen zumindest bis zum sechzehnten Lebensjahr zu schützen, scheiterten an der Gleichgültigkeit, der Voreingenommenheit oder schlichtweg den Geschäftsinteressen des Parlaments; die Masse der britischen Bevölkerung wurde durch das gekaufte Stillschweigen der Presse bewußt in Unkenntnis über diesen Skandal gelassen. Bis die Heilsarmee auf den Plan trat.

Die Teenager in den Rettungsheimen der Heilsarmee – manche knapp vierzehn – hatten alle ihre eigene herzzerreißende Geschichte zu erzählen. Eine der vierzehnjährigen wurde zum Beispiel von einem Freund ihrer Zimmervermieterin unter Drogen gesetzt und erwachte im plüschigen Luxus eines Bordells. Als sie zufällig hörte, wie von den Bewohnerinnen des Hauses ihr Marktwert auf dem Kontinent diskutiert wurde – denn dahin sollte die Reise in Kürze gehen –, sprang sie verzweifelt aus dem Fenster und wandte sich an die Heilsarmee.

Als eine Bordellbesitzerin ebenfalls ihr Gewerbe verließ und bei der Heilsarmee auspackte, konnte man die Berichte nicht länger als übertrieben ignorieren. Jetzt mußte gehandelt werden.

Bramwell Booth, ältester Sohn des Heilsarmeegründers William, tat sich zusammen mit W.T. Stead, Redakteur der Pall Mall Gazette. Stead war der einzige Journalist, der bereit war, seinen Ruf und die Existenz seiner Zeitung aufs Spiel zu setzen, um den Skandal des Mädchenhandels aufzudecken. Eine geheime Kommission recherchierte und prüfte. Die Masse der Beweise war erdrückend – aber anonym. So entschlossen sich Stead und Booth zu einem damals beispiellosen Stück »Lockvogel-Journalismus«: ein dreizehnjähriges Mädchen zu kaufen!

Die ehemalige Bordellbesitzerin – inzwischen bekehrt und Soldatin der Heilsarmee – spielte den Rückfall in alte Wege und nahm wieder Kontakte zum Milieu auf. Schließlich wurde Eliza ihren Eltern abgekauft. Sie meinten, ihre Tochter tatsächlich für die Prostitution zu verkaufen! (Nicht nur Reichtum, sondern auch bittere Armut kann gewissenlos machen.) Ein Frauenarzt bescheinigte die Jungfräulichkeit und damit den höheren Wert des Kindes. Der Schneider fertigte erotische Kleidung – in Kindergröße. Bahnbeamten, Zöllnern, Polizisten – alle hielten es für einen tatsächlichen Kauf und ließen sich ihr Schweigen gut belohnen. Nur landete Eliza nicht im Brüsseler Bordell, sondern in einem Schweizer Kinderheim.

Und dann platzte die Bombe. Die Pall Mall Gazette brachte eine Serie über den Mädchenhandel; bald wurden für die Ausgaben Schwarzmarktpreise bezahlt. Die großen Zeitungsläden weigerten sich aus Angst um ihre Werbeeinnahmen, die Gazette zu vertreiben. So wurde das Heilsarmeehauptquartier die Verteilerzentrale, von der die jungen Heilsarmeekadetten den Nachschub für den Straßenverkauf holten. Als die Zeitungsjungen verhaftet wurden – sie verkauften angeblich Obzönitäten –, wurde ihr Platz von arbeitslosen Hafenarbeitern, Heilsarmeekadetten und Markthändlern eingenommen, denen es eine Ehre war, für Eliza und ihre Leidensgenossinnen Gazetten zu verkaufen. Die Soldaten Gottes organisierten Unterschriftensammlungen, Protestmärsche, Leserbriefkampagnen. Die Volksseele kochte. »Solche Schweinereien in unserem Land – und ihr habt es gewußt?!« warfen sie den Parlamentsabgeordneten vor. Die Gesetzesänderung, erneut vorgelegt, konnte nicht mehr abgewimmelt werden. Sexuelle Ausbeutung von Kindern wurde dank Stead und Booth, gesetzlich verboten.

Aber die Belohnung für den Mut und die Initiative der beiden Männer war ein Prozeß wegen Kindesentführung. Obwohl sie Kirche und Parlament vorher über ihr Vorhaben unterrichtet hatten, obwohl Eliza kein Haar gekrümmt wurde und obwohl sie Korruption und Heuchelei aufgedeckt hatten, wurde Stead 1885 zu einer Gefängnisstrafe verurteilt.

Als ich im Londoner Heilsarmeemuseum seine Sträflingskluft sah, dachte ich kaum daran, selber einmal auf der »sündigsten Meile der Welt« Dienst zu tun.

Woran liegt es, wenn die Heilsarmee und die Mitternachtsmission nicht mehr überflutet werden von Prostituierten, die ihr Gewerbe verlassen möchten? Liegt es an der allmählichen Akzeptanz der liberalen Gesellschaft: Prostitution ist wie jeder andere Beruf? Oder liegt es an unserem eigenen Zögern, es mit den Zuhältern und Vertretern des Big-Sex-Busineß aufzunehmen? Ich weiß es nicht. Was ich weiß, ist, daß in den zwölf Jahren meiner Tätigkeit in St.

Pauli ganze drei Frauen unsere Hilfe suchten, um aus der Prostitution auszusteigen. Und nicht einmal diese drei Fälle waren alle rauschende Erfolge ...

»Ich möchte nach Hause«

Das erste Mädchen war Schweizerin. Sie hatte den bunten Versprechungen einer Urlaubsbekanntschaft geglaubt und war ihrem Schwarm bis nach Hamburg gefolgt. Dort erwies sich der angekündigte Arbeitsplatz als Bordell. Aber – im Gegensatz zu den ahnungslosen Dreizehnjährigen vom Lande, die sich im letzten Jahrhundert als Dienstmädchen verdingten und erst einmal von ihren neuen Dienstherren gefügig gemacht werden mußten – schien es der Schweizerin anfangs nicht viel auszumachen. An die besorgten Eltern in der Schweiz kam von Zeit zu Zeit ein Postkartengruß, ohne Absender, Poststempel Hamburg. Dann ein Anruf, in dem sie zugab, als Prostituierte zu arbeiten. Schließlich, nach Monaten, ein weiterer Anruf. »Mutter, ich möchte nach Hause. Aber mein ganzes Geld wurde mir abgenommen, weil sie wissen, daß ich Heimweh habe ... Wo ich bin? Im Hotel zum Goldenen Dreieck. Aber Geld kannst du mir keins hierhin schicken ...«

Die Eltern gingen in ihrer Not zur Schweizer Heilsarmee. Vom Suchdienst im Berner Hauptquartier kam der Anruf an uns. Es gab kein Hotel »Zum Goldenen Dreieck«, aber drei mit ähnlichen Namen, die in Frage kamen. Ein Mitarbeiter war bereit, auf gut Glück in die als Hotel getarnten Bordelle zu gehen und dort nach einer Schweizerin zu suchen. Gleich im ersten wurde er fündig. Er ging als vermeintlicher Kunde mit »aufs Zimmer«, um die Einzelheiten für ihren Abflug, der noch am gleichen Tag sein sollte, zu besprechen. Die Sache ging gut, und die Schweizerin ist jetzt – wenn auch nur nach längerer therapeutischer Behandlung – zu Hause glücklich geworden.

Ein anderes Mal war es unser Kriegsruf-Sergeant, der den Kontakt knüpfte. («Kriegsruf« ist der provokative Name der Heilsarmeezeitschrift und Sergeant der Rang eines Soldaten, der sich neben seinem Beruf ehrenamtlich und verantwortlich für einen Tätigkeitszweig in der örtlichen Heilsarmeegemeinde einsetzt.) Klaus, unser Kriegsrufverkäufer, ist häufig abends unterwegs in den Gaststätten rund um St. Pauli. Er ging aber nicht nur in die Restaurants und Bars, sondern auch – solange sie existierten – in die Salons der Eros-Zentren. Da, wo die Damen auf Kundschaft warteten oder sich im kollegialen Plausch erholten, bot Klaus auch seine christlichen Zeitschriften an und signalisierte Gesprächsbereitschaft.

Eines Tages kam er zu uns und erstattete Bericht. »Du, in der Bar sitzt eine, sie sagt, sie will raus. Aber ich weiß nicht genau, ob sie es wirklich so ernst meint . . . mit allen Konsequenzen.« Die Zuhälter gehen nämlich nicht immer pfleglich mit ihrem lebendigen Kapital um, wenn man aus der Reihe tanzt.

Wir berieten, was zu tun sei. Sie solle, so schlugen wir vor, eines Morgens ganz normal aus ihrer Wohnung gehen, als wolle sie Brötchen holen, und statt dessen zu uns kommen. Wenn sie bei uns auftauchte, wären wir von der Ernsthaftigkeit ihres Wunsches überzeugt und würden alles andere in die Hand nehmen, damit sie in einer anderen Stadt auf eine weniger entwürdigende Art und Weise ihren Lebensunterhalt verdienen könne.

Sie willigte ein. Am vereinbarten Tage warteten wir vergeblich. Sie war auch eine Woche lang nicht in ihrem Stamm-Lokal anzutreffen. Als Klaus sie wieder dort arbeiten sah, erzählte sie folgendes: »Tja, du hast gesagt, ich soll einfach so aus meinem Zimmer gehen und zu euch kommen. Aber als ich gehen wollte, hab' ich in der Ecke meinen Lieblingsteddy gesehen. Und ein paar Fotorahmen. Und ohne meine Lieblingsklamotten konnte ich auch nicht gehen ... Naja, da bin ich halt mit zwei Koffern zum Brötchenholen gegangen – und kam nicht weit!«

Die Freunde ihres »Freundes« schöpften beim Anblick der Koffer den natürlichen Verdacht, daß da jemand »eine Schwalbe« machen wollte, und holten sie schnell ein. Man schlug sie grün und blau und zog sie buchstäblich für eine Woche aus dem Verkehr. Jetzt war ihr erster »Arbeitstag« nach Verblassen der blauen Flecke.

»Und nun?« fragte Klaus. »Jetzt, nachdem du gesehen hast, wie sie mit dir umgehen – willst du nicht jetzt raus?« Sie strahlte. »Ach, weißt du, der Peter läßt auch eine Menge anderer Frauen für sich arbeiten. Aber er hat mir gesagt, mich braucht er am meisten! Ich kann ihn nicht im Stich lassen!«

Die niedrige Schwelle

Das ist der große Unterschied zwischen Prostitution im letzten Jahrhundert und heute. Sicherlich wird es Ausnahmen geben – gerade die asiatischen und afrikanischen Mädchen sind ein Beispiel –, aber in der Regel ist es nicht die nackte Armut oder grenzenlose Naivität, die die Zuhälter mit nie versiegenden Strömen frischer »Ware« versorgen. In einer Gesellschaft, wo durch sexuelle Anreize Autos verkauft werden und politische Magazine Titelbilder wie Pornohefte haben, wo Geschlechtsverkehr nicht mehr ein Geschenk Gottes innerhalb der Ehe ist, sondern das Recht »jede mit jedem« gilt, ist die Schwelle zur Prostitution nicht so hoch wie in früheren Tagen.

Yvonne weiß, daß ihre Mutter die Beförderung innerhalb der Firma nur kriegt, wenn sie zum Abteilungsleiter »besonders nett« ist. Ihre große Schwester wird übers Wochenende vom Bekannten nach Sylt mitgenommen. Kostenlos – gegen Dienste in der Küche und im Bett, versteht sich. Yvonne bekommt mit, daß sie als Frau mit ihrem Körper einiges erreichen kann, auch finanziell. Wenn die

Schule sie dann anödet, der Berater des Arbeitsamtes den Traumjob nicht versprechen kann und sie »keinen Bock« auf die Fabrik hat, hört sie nicht ungern die Komplimente des Tanzpartners in der Disco, der ihre Figur und ihre hübschen Augen lobt. Der eine tolle Wohnung und schöne Reisen in Aussicht stellt, wenn sie nur »ein bißchen nett« zu seinen Freunden ist. Und Yvonne, die »ein bißchen nett« zu ihren Freunden gewesen ist, seit sie vierzehn oder fünfzehn war, findet nichts besonderes dabei.

Daß sie auf längerer Sicht das Leben als Prostituierte nur wird ertragen können, wenn sie immer mehr Alkohol, Tabletten oder schlimmstenfalls Rauschgift nimmt, glaubt sie nicht. Sie nicht. Sie ist die Ausnahme, die große, starke. Sie wird es schaffen, ihren Frisiersalon oder die Boutique zusammenzusparen und dann den großen Absprung zu machen. Aber mit dreißig sieht Yvonne nicht mehr taufrisch aus. Sie kann nicht die hohen Preise der Achtzehnjährigen verlangen, die ihre Jugend durch Zöpfe und Schulranzen unterstreichen, um die Männer anzuziehen, denen Sex mit ganz jungen Mädchen viel wert ist. Yvonne kann sich nicht mehr aussuchen, mit wem sie gehen will, kann keinen ungepflegten Kunden abwimmeln, weil er – auf deutsch gesagt – stinkt. Und wenn der letzte Kunde des Abends besonders perverse Wünsche hat, kann sie nicht empört ablehnen und auf die Expertinnen der Herbertstraße verweisen: sie ist auf den Zaster angewiesen. Denn eins ist sicher: Wie ihre Preise für einen »Quickie« sinken, so steigen die Bedürfnisse ihres »Freundes«. Der Teufelskreis hat sie.

Ich kenne nur eine Handvoll Frauen, die es geschafft haben, aus eigenem Antrieb von der Straße wegzukommen. Die Rauschgiftsüchtigen haben keine Chance, die anderen kaum eine. Wer kann von Sozialhilfe leben, wenn er gewohnt war, täglich hunderte von Mark zu verdienen? Und welcher Arbeitgeber stellt eine Verkäuferin ein, deren letzter Arbeitsplatz die Herbertstraße war?

Die Herbertstraße – da gehen die Meinungen auseinander. Die einen finden sie gut, weil die meisten Frauen dort ohne Zuhälter arbeiten und daher ihr eigener Herr sind. Die anderen finden es entsetzlich, wie die Frauen mehr oder weniger nackt in den Schaufenstern sitzen und sich den Kunden anbieten. Ich war nur einmal »in Zivil« – also ohne Heilsarmeeuniform – in der Herbertstraße. Wir hatten Besuch aus Amerika; dem wollten wir St. Pauli zeigen. Recht gedankenlos ging ich mit meinen Freunden durch die rostbraunen Tore, durch die ich so oft gegangen bin, wenn wir dort abends Freiversammlung hielten. Sofort fing eine Frau hinter ihrer Fensterscheibe an zu schimpfen. »Ach, jetzt kommt auch noch die Heilsarmee und begafft uns wie im Zoo!« Denn wer so rund ist wie ich, wird auch ohne Heilsarmeeuniform wiedererkannt.

Die Frauen hatten recht. Sie sind keine Fleischauslage. Sie sind Frauen, nach dem Bild Gottes geschaffene Frauen, die von Gott geliebt werden. Auch wenn sie es nicht wissen.

Ich trat schleunigst den Rückzug an. Und schwor mir, nie wieder ohne meine »Dienstkleidung« in die Herbertstraße zu gehen ...

Wegen dieser Liebe Gottes zu all seinen Geschöpfen gehen Klaus und andere Heilsarmeesoldaten ein paarmal im Jahr ohne ihre »Kriegsrufe« und Sammelbüchse in die Herbertstraße. Am Heiligabend verteilen sie Schokoladenherzen, zum ersten Advent Tannenzweige, komplett mit Kerze, Strohstern und biblischer Adventsverheißung. Für eine Stunde im Jahr ist die Herbertstraße nicht nur vom kalten Neonlicht erhellt, sondern von den Heilsarmeekerzen. Sie möchten Kiezklientel und Bewohnerinnen sagen: »Wir sind für euch da, wenn ihr uns braucht.«

Das Frühstück

Einmal wurde ich von einer Stiefelfrau aus der Herbertstraße zum Frühstück eingeladen. Sie arbeitete in einem

Hinterhof mit anderen Frauen zusammen, um die speziellen Bedürfnisse der Männer zu befriedigen, denen es danach zumute ist, zu quälen und gequält zu werden. Gerlinde kam aus einer Großstadt, in der ich auch einmal gelebt habe. Am Rande einer Freiversammlung in der Herbertstraße plauderten wir eine Weile miteinander und stellten dabei fest, daß wir in dieser Stadt gemeinsame Bekannte hatten.

Monate später kam einer der Nichtseßhaften, der für die Damen manchmal Besorgungen erledigte oder mit dem Hund spazierenging, zu mir. Ich solle doch bei Gerlinde anrufen. Sie wolle sich aussprechen. Sie gab mir – großer Vertrauensbeweis – ihre Privatadresse, und wir machten einen Termin zum Frühstück aus.

In der kleinen, einfachen Wohnung im ersten Stock eines Mietshauses ließ nichts erkennen, daß die Bewohnerin die Miete mit der Peitsche verdiente. Wir machten es uns mit unzähligen Tassen starken schwarzen Kaffees gemütlich, und Gerlinde fing an zu erzählen. Wie sie Prostituierte wurde (sie hatte eine Bürgschaft für ihren Lebensgefährten geleistet, als er eine Kneipe aufmachen wollte. Das Lokal machte pleite, der Liebhaber verschwand. Die Schulden blieben.) Warum sie Stiefelfrau geworden ist. («Tja, da muß ich nicht so oft die Beine breitmachen, da genügt es den meisten, wenn ich sie schlecht behandele . . .«) Und vor allem lud sie ab, was im Laufe der Jahre an Belastendem zusammengekommen war. Es ging nicht um Sensationshascherei. Es ging leider auch nicht um eine Lebensbeichte, um Erkennen von Schuld und die Annahme von Vergebung durch Jesus Christus. Sie wollte einfach den Müll los sein, wollte einer Frau, die eben nicht Kollegin war, erzählen. Von den mysteriösen Todesfällen in den »Folterkammern«, die auf dem Totenschein lapidar mit »Herzschlag« abgetan wurden, und von anderem, ebenso Schlimmem, das ich hier nicht wiederholen will.

Ich bin nicht prüde. Aber mir wurde schlecht. Und nicht von zuviel schwarzem Kaffee.

In einer Erzählpause fragte ich sie: »Sag mal, Gerlinde, warum erzählst du mir das alles? Um die Ecke wohnen doch die Pastoren von der St. Pauli-Süd-Kirche, die engagieren sich doch immer so für euch? Wieso bist du denn auf mich gekommen?«

Gerlinde schaute mich ehrlich erschrocken an. »Einem Pfarrer? Nein, einem Pfarrer könnte ich so was nicht erzählen. Und einer Pastorin erst recht nicht! Bei der Heilsarmee ist es anders. Ihr könnt das ab.«

Nach fast drei Stunden verließ ich die Wohnung und schnappte nach Luft. Gerlinde war einverstanden gewesen, daß ich mit ihr um Gottes Wirken in ihrem Leben betete, und ich durfte ihr ihr erklärtes Heilsarmee-Lieblingslied vorsingen: »Gott ist die Liebe, läßt mich erlösen, Gott ist die Liebe. Er liebt auch mich.« Ich sah sie ab und zu in der Herbertstraße, dann verschwand sie aus unserem Blickfeld.

Als ich gar nicht mehr an sie dachte – und erst recht nicht mehr für sie betete –, trafen wir uns zufällig auf der Straße. »Christine, ich bin nicht mehr in der Herbertstraße! Ich habe einen Ausländer geheiratet, einen lieben, guten Mann, und er möchte nicht mehr, daß ich arbeite! Gut, nicht?« Gerlinde ist – wie gesagt – eine der wenigen, die es aus eigenem Antrieb geschafft haben. Oder sollte der Gott der Liebe in seiner Barmherzigkeit mitgeholfen haben?

Unsere Augen

Mit Drogenabhängigen habe ich persönlich nicht sehr viel zu tun gehabt. Traditionsgemäß – und das heißt in unserer schnellebigen Welt in den letzten zwanzig Jahren – war »das andere Viertel«, St. Georg, die Gegend um den Hamburger Hauptbahnhof, eher das Drogenzentrum als St. Pauli. In den Jahren vor dem Ersten Weltkrieg war zwar St.

Pauli mit seinem chinesischen Bevölkerungsanteil berüchtigt für die Opiumhöhlen um und unter der Schmuckstraße, aber in den letzten Jahrzehnten hatte sich die Szene mehr und mehr nach St. Georg verlagert. Nur vereinzelt hatte die Heilsarmee in der Talstraße mit Menschen zu tun, die an der Nadel hingen oder ohne ihre hübschen bunten Pillen nicht mehr auskamen.

Wir spendeten regelmäßig für Haus Dynamis, ein Therapiezentrum für Abhängige, das auf christlicher Basis arbeitet, und auch für ein heilsarmeeigenes Projekt in Zürich. Damit, meinten mein Mann und ich, hätten wir unsere Pflicht erfüllt, alles andere sei nicht unsere Aufgabe.

Das war ein absolutes Fehlurteil. Denn gleichzeitig mit dem Einkommensniedergang der Zuhälter – durch AIDS, Arbeitslosigkeit und kurze Verweildauer der Schiffe im Hafen – stiegen auch deren »Nebenerwerbseinnahmen«. Zunächst suchte man sich mit dem Klauen ganzer Containerladungen ein zweites Standbein. Dann, als das nicht mehr genug abwarf, mit Rauschgift.

In erstaunlich kurzer Zeit entwickelten sich einige Straßen in St. Pauli zu richtigen Heroin-Umschlagplätzen. Bewußt wurde mir dies allerdings erst, als ich zu dem Treffen einer Anti-Drogen-Initiative ging. Besorgte Lehrer, Eltern, Mitarbeiter der Kirche bis hin zu Hafenstraßen-Bewohnern hatten die Nachbarschaft eingeladen, um sie auf die Gefahr aufmerksam zu machen, die für die Schüler durch das zunehmende Dealen entstand.

Da saßen wir bei sengender Sonne auf dem Pausenhof einer Schule, im Hintergrund die Kräne und Davits des Hafens, vor uns die schmuddeligen Seitenstraßen St. Paulis, und hörten, in welchen Straßen meiner Wohngegend man jederzeit Rauschgift in jeder Form angeboten bekam.

Ich war erschüttert. Denn die Straße, um die es am meisten ging, war eine Straße, die ich fast täglich zum Einkaufen aufsuchte. War ich wirklich so beschäftigt mit Sonderangeboten und passenden Beilagen, daß ich nicht bemerkt hatte, wie die Drachensaat des Rauschgiftes vor meiner Haustür aufging?

Und nicht nur vor der Haustür. Denn knapp 24 Stunden später sprach mich ein junger Hausbewohner an: »Du, im Müllraum hab' ich 'ne Spritze und blutiges Verbandzeug gefunden. Da hat sich wohl einer neben den Mülltonnen eine Spritze gesetzt!« Durch den Umbau im Haus war der Müllraum eine Zeitlang nicht abschließbar gewesen; das hatte sich herumgesprochen. Denn in nächster Zeit sollten wir dort noch häufiger angebranntes Stanniolpapier und verbogene Löffel finden. Zweimal überraschten wir beim Betreten jemanden, der gerade im Begriff war, sich eine Spritze zu setzen. Menschen aus den Häusern gegenüber von unserem Gebäude, die – arbeitslos und gelangweilt – stundenlang die Ereignisse auf der Straße beobachtet hatten, machten uns auf Verstecke aufmerksam, wo die Kleinhändler ihren Rauschgiftvorrat verstauten. (Lieber von der Polizei mit wenig erwischt werden als mit viel!)

Ich sehe noch nicht, was wir in dieser Situation tun sollen. Aber erschreckt hat mich die Tatsache, daß ich gar nicht bemerkt hatte, was sich direkt vor unserer Nase entwickelte. Ich bete um Augen, die die Not der anderen sehen. Warum ist es immer einfacher, die Not vor der Haustür zu verdrängen und dafür die in der Dritten Welt lindern zu wollen?

Armut ist natürlich relativ. Die Hungernden in vielen Ländern wären froh, das zu haben, was ein Sozialrentner oder Obdachloser bei uns zu essen hat. Mein Mann und ich haben viele gute Freunde, die als Heilsarmeeoffiziere in Chile, in Indien und Haiti arbeiten. Wir wissen, wie entbehrungsreich ihr Leben ist, wie sehr diese Länder das Evangelium von Jesus brauchen, wie sie auf Hilfe von uns angewiesen sind. Trotzdem meine ich, wenn ich eine Antwort geben müßte, wo unsere Hilfe am dringendsten gebraucht wird: »Das eine tun, und das andere nicht lassen.«

Recht auf Gewinne?

In all den Jahren, seit mein Mann und ich auf St. Pauli leben, habe ich es immer wieder beobachten müssen: Geht irgendwo ein Laden pleite, stehen die Chancen 50 : 50, daß er ein paar Wochen später als Spielhalle zu neuem Leben ersteht. Aber wahrscheinlich sieht es bei Ihnen zu Hause nicht viel anders aus – bei der Zahl von Glücksspielautomaten in der Bundesrepublik müßten wir die glücklichsten Menschen der Welt sein!

Man sagt den Engländern nach, sie seien ein Volk von Spielern. In der Tat können sie aus allem eine Wette machen: welcher Regentropfen schneller die Abteilfenster der Bahn herunterkullert, welchen Vornamen der nächste königliche Sprößling haben wird, vom Gewinner des »Grand National« ganz zu schweigen.

Weil die Wettleidenschaft soviel Elend und Verarmung über ganze Familien gebracht hat, ist das Glücksspiel – neben Alkohol und Tabak – ein weiteres fragwürdiges Vergnügen, auf das die Heilsarmeemitglieder verzichten. Das heißt für sie nicht nur, keine Tombola bei Gemeindefesten, sondern auch kein Lotto und keine Daddelautomaten. (Eigentlich gewinne ich trotzdem jede Woche im Lotto: den Einsatz, den ich spare, indem ich nicht spiele!)

Als die Heilsarmee ihre Lebensregel für die Soldaten aufstellte, wußte man fast nichts über Suchtgefahren. William Booth war – wieder einmal – mit seiner Sicht der Dinge seiner Zeit Jahrzehnte voraus. Noch vor zwanzig Jahren stieß man auf Unverständnis, wenn man von Spielsucht sprach, von Menschen, die an den »Einarmigen Banditen« – die zu Recht diesen Namen tragen – ihr und ihrer Familie Glück verspielten. Inzwischen aber gibt es Therapeuten, Selbsthilfegruppen, wissenschaftliche Erkenntnisse zum Thema Spielsucht.

Ein junger Mann hat Langeweile. Er steht in der Kneipe und steckt ein paar Groschen in den Automaten an der Wand. Irgendwann kommt ihm der Gedanke, es bei den neueren Maschinen zu probieren. Er zieht ab in die nächste Spielhalle. Ah, das ist es! Hier flimmern die Scheiben, klingeln die Glöckchen (und die Kasse des Inhabers); zwischendurch schlendert unser junger Freund hinüber zu den Videospielen, schießt ein paar Marsmänner über den Haufen oder flippert ein bißchen. Aber das Kleingeld wird knapp, und er beschließt, nach Hause zu gehen und ein anderes Mal wiederzukommen.

Das tut er auch. Beim nächsten Mal zieht er sofort in die Spielhalle, geht nicht über den Umweg der Kneipe und bekommt auch nicht die DM 4000 Monopoly-Spielgeld. Dafür nimmt er echtes Geld mit, ein bißchen mehr diesmal. Er hat Glück, diesmal bringt er einen Gewinn nach Hause. Aber beim nächsten Mal geht alles schief. Je mehr er verliert, desto tiefer greift er in die Tasche. Irgendwann muß doch der große Gewinn kommen! Er spielt auf Vorschuß, auf Leihgaben der Bekanntschaft. Schon längst hat er keine Zeit mehr für Videospiele oder Flipper; das Arbeitsamt kriegt ihn nicht zu fassen. Mit starrem Blick rast er hektisch von einem Spielautomaten zum anderen, er hat immer etliche gleichzeitig im Betrieb. Inzwischen bleibt es nicht bei Vorschuß und Pump – er nimmt sich den Einsatz aus dem Portemonnaie der Patentante; er kann's ja zurückzahlen, wenn das Glück ihm wieder hold ist und die Pechsträhne ein Ende hat . . . Er ist spielsüchtig geworden.

Selber schuld, sagen Sie? Im gewissen Sinne haben Sie natürlich recht. Aber richtig ist auch, daß unsere Gesellschaft es den Labilen leicht macht, zu denken, sie hätten ein Recht auf Gewinne. Beim Bonner Presseball ist der Hauptgewinn vielleicht ein Sportwagen, bei der Gemeindetombola eine Langspielplatte – das Prinzip ist das gleiche: Ich habe »Glück« und bekomme etwas Wertvolles für geringen Einsatz, die anderen verlieren ihren Einsatz, um mein »Glück« zu bezahlen.

Kann ein Christ mit diesem unbiblischen »Glücksprinzip« etwas zu tun haben? Ich hoffe nicht.

Dafür aber mit denen, die an Wettsucht leiden, mit den Spielern und ihren Familien.

Der Heilssoldat Bernd, der die blau-gelb-rote Fahne bei unseren wöchentlichen Straßeneinsätzen trägt, ist sozusagen trockener Spieler, das heißt, er spielt nicht mehr. Aber genauso wie ein Alkoholiker auch nach jahrzehntelanger Abstinenz immer noch Alkoholiker bleibt, ist Bernd Spieler.

Es lag in der Familie. Bernd wuchs zwar nicht bei seinem Vater auf, ging aber oft genug in seine Spielhalle. Als Kind war er kränklich. Streß und Ärger trieben ihn in die warme bunte Welt der flimmernden Räder, der klimpernden Münzen und des »Glücks«. Mit neunzehn hielt ihn nichts mehr in der westfälischen Provinz. Er kramte seine Ersparnisse zusammen und zog nach Hamburg. Und wo sollte Bernd anders hingehen als zur Reeperbahn? Die Spielsalons, die Kasinos, die Hinterzimmer-Wettbüros – sie waren geradezu hungrig auf »frisches Fleisch«, auf neue Opfer. Es dauerte nur ein paar Tage, bis Bernds Tausende verschwunden waren. Was die Spieler ihm ließen, nahmen die Damen der Herbertstraße ihm ab. Bernd war blank.

Drei oder vier Wochen hielt er sich mit Betteln über Wasser. Dann gab ihm jemand einen Tip. »Wenn du was zu essen haben willst, Junge, dann geh doch um die Ecke zur Heilsarmee, da kriegste was!«

Heilsarmee? Bernd hatte verschwommene Vorstellungen von uralten Schwestern mit komischen Kapotthütchen und Glaubenszwiebel im Nacken. Aber wenn man hungrig genug ist ...

Er war nicht wenig überrascht, als auf sein Klingeln hin ein Mädchen in Jeans die Tür aufmachte. Nix Hut und Knoten, sondern etwas zu essen und die freundliche Einladung, doch wiederzukommen.

Das zaghafte Klingeln an der Tür der Heilsarmee sollte sein Leben verändern. Damit meine ich nicht nur, daß eine Unterkunft für ihn besorgt wurde. Bernd kam mit Christen in Kontakt. Er verstand am Anfang nicht viel von dem, was erzählt wurde. Aber er öffnete seine Augen und Ohren. Und als eines Abends in einer Evangelisation ein Ghanaer betete – in einer für uns Europäer unverständlichen Sprache, aber voller Leidenschaft –, begriff auch Bernd, daß es möglich sein könnte, eine persönliche Beziehung zum lebendigen Gott zu haben. Er ging mit einem jungen Mitarbeiter in einen Nebenraum und vertraute sein Leben Jesus Christus an.

Danach zog Bernd in das Jakob-Junker-Haus ein, eine therapeutische Heilsarmee-Einrichtung für Männer mit besonderen sozialen Schwierigkeiten. Er machte eine Therapie für seine Spielsucht und erlebte als Christ erste Fortschritte.

Doch er war im Heim nicht glücklich. Es gibt Menschen, die geradezu aufblühen, wenn sie in einer stationären Einrichtung ankommen; Bernd gehörte nicht zu ihnen. Daß er nach wie vor nach St. Pauli zur Heilsarmee ging, wurde zwar von den leitenden Offizieren gern gesehen, aber die Heimbewohner warfen ihm Kriecherei vor. Die versteckten Gemeinheiten, die anzüglichen Reden, der verletzende Spott – die Protektion der Leitung hätte alles nur schlimmer gemacht. So hieß es für Bernd aushalten. Er schaffte es, ohne wieder spielen zu müssen. Und Hilfe war in Sicht.

Schon einige Jahre vorher hatte mein Mann angefangen, jede leergewordene kleine Wohnung in unserem Haus anzumieten. Die Heilsarmeegemeinde vermietete dann die Wohnungen – teilmöbliert und ohne jeglichen Luxus – an Untermieter: junge Leute aus unserem Einzugsbereich, die eine eigene Wohnung, aber auch ein wenig Betreuung brauchten. Damals, als Bernd seine Schwierigkeiten im Heim durchzustehen hatte, trennten wir uns gerade von einem jungen Malergehilfen. Allerdings war das eine wenig erfreuliche Sache, denn er hatte dreimal versucht, unser Haus in Brand zu stecken und mittlerweile 100.000 Mark Schaden verursacht. Er kam in die geschlossene Abteilung eines psychiatrischen Krankenhauses. Wir machten uns Gedanken über den nächsten Mieter seiner kleinen Wohnung.

Als mein Mann Bernd vorschlug, war ich entsetzt. Ich wußte, daß er eine Therapie gegen Spielsucht hinter sich hatte, und in St. Pauli machte scheinbar täglich eine neue Spielhalle auf. Wäre es nicht eine Zumutung für Bernd, ihn dieser Versuchung auszusetzen?

Bevor wir mit ihm sprachen, nahmen wir Kontakt zu seinem Sozialarbeiter im Heim auf. Er zerstreute unsere Bedenken. Wie ein Alkoholiker lernen müsse, an der Kneipentür vorbeizugehen, müsse auch ein Spielsüchtiger Spielhallen meiden lernen. Und da inzwischen jedes Stadtviertel genug von diesen elenden Daddelautomaten habe, sei Bernd in St. Pauli nicht mehr gefährdet als irgendwo sonst.

Inzwischen sind sieben Jahre vergangen. Bernd wohnt immer noch im Haus, ist inzwischen Soldat der Heilsarmee und unser Fahnenträger. Das kurze Leben als Spieler hat gewisse Charakterzüge geprägt, an denen er jetzt noch zu knabbern hat. Die Neigung, Probleme durch Flucht zu umgehen, ließ ihn ein paarmal tage- oder wochenlang verschwinden. Das alte Wettprinzip – etwas umsonst zu bekommen – war für seine Arbeitsmoral nicht gerade förderlich. Jahrelang hat Bernd auch als Christ es nicht einsehen können, daß er sich um Arbeit bemühen sollte, zumal seine Gesundheit zu wünschen ließ. Als er nach etlichen Jahren geistlich reifer wurde und der Wunsch in ihm erwachte, seinen eigenen Lebensunterhalt zu verdienen, war es eine wirkliche Freude für uns alle, wie er das frühe Aufstehen, die Arbeit und den Umgang mit Geld packte.

Nachdem Bernd mit der Hilfe Gottes (und das ist nicht nur ein frommer Spruch, sondern sein und unser aller Gebet während dieser Zeit) das Jahr der Arbeitsbeschaffungsmaßnahme in einer Gärtnerei zu aller Zufriedenheit abgeschlossen hatte, wollte er nicht wieder in den alten Müßiggang zurück. Ihm war eine Lehrstelle angeboten worden, so gut hatte sich der frühere Nichtseßhafte gemacht.

Aber die Bürokratie siegte. Die Ärztin des Arbeitsamts gab dem schmächtigen Bernd kein Gesundheitszeugnis, die Lehrstelle mußte anderweitig besetzt werden. Bernd hatte ein Jahr lang ohne Probleme im Gartenbau gearbeitet, aber grünes Licht für die Lehrstelle bekam er nicht. Statt dessen suchte er sich auf eigene Faust eine Arbeit – und er, der angeblich zu schwach fürs Gärtnern war, fing in einer Abbruchfirma an!

Bernd ist dabei, die durchs Spielen irregeleiteten Fäden seines Lebens zu entwirren. Er – und viele andere – brauchen unsere Hilfe. Denn, wer einmal süchtig ist, ist immer gefährdet. Als Bernd ganz neu zu uns in den Jugendclub kam, war er furchtbar empfindlich. Manche fanden es übertrieben, wenn er am Anfang noch nicht einmal den Anblick von Würfelspielen ertragen konnte. Wenn er einfach das Haus verließ, sobald es irgendwie um Gewinne ging. Heute lacht er darüber und spielt sein »Trivial Persuit« so lässig wie alle anderen, aber damals war es ein Problem.

Ich bitte Sie im Namen aller, die Suchtprobleme haben: Schaffen Sie ihnen einen Raum, wo sie nicht ständig auf der Hut sein müssen! Wenn Sie zum Essen ein Glas Wein trinken wollen, lassen Sie es sich schmecken (solange Sie natürlich weder Alkoholiker noch Mitglied der Heilsarmee sind!) Aber bitte nicht, wenn der alkoholkranke Kollege vorbeikommen könnte und erst recht nicht, wenn er eingeladen ist. Und die Tombola beim Gemeindefest – muß sie sein? Könnten Christen nicht für den guten Zweck einen Geldbetrag geben und sich freuen, daß sie niemanden in seinem Wettverhalten unterstützen?

Die Bibel sagt: »Ihr wendet ein: ›Mir ist alles erlaubt!‹ Mag sein, aber nicht alles ist gut für euch. Alles ist mir erlaubt; aber das darf nicht dazu führen, daß ich meine Freiheit an irgend etwas verliere.« (1. Korinther 6,12)

Armut

Wer mit offenen Augen durch St. Pauli läuft, sieht viel Armut. Zumindest sieht es nach Armut aus, wenn Berber sich malerisch mit ihrer Buddel um den Laternenpfahl drapieren oder sechzig ungepflegte Männer vor der Tür der Heilsarmee-Kleiderkammer Schlange stehen. Es gibt aber auch viel verborgene Armut – und das nicht nur in St. Pauli!

Übrigens wundere ich mich immer ein wenig, wenn unsere Kleiderkammer von irgendwelchen schwäbisch-pietistischen Dörfern Pakete bekommt. Ob es wirklich nicht in der Nähe der Absender versteckte oder gar offensichtliche Not gibt? In jeder Stadt leben doch sozialschwache Familien; vielleicht sollten mehr Christen ihre diakonische Aufgabe vor der Tür in Angriff nehmen. Der Weg zum Postamt ist natürlich einfacher als die persönliche Betreuung. Die könnte Mühe machen.

Verstehen Sie mich bitte richtig. Es ist nicht so, daß wir die Kleidung, besonders Männersachen, nicht gebrauchen könnten. Ich habe nur die ganz leise Anfrage, ob nicht mancher Christ seine neue Frühjahrsgarderobe mit einem Paket nach St. Pauli rechtfertigt. Es gibt viel Not – überall.

Eine gut gefüllte Kleiderkammer ist für uns auf St. Pauli aber trotzdem unerläßlich, wie der Mann mit den roten Socken beweist. Er war eigentlich nicht arm, zumindest nicht im üblichen Sinne. Eine gute Erziehung hatte er jedenfalls genossen, denn als er im alkoholisierten Zustand seinen Schlafsack auf der Wiese oberhalb der Landungsbrücken ausgerollt hatte, zog er sich ordnungsgemäß aus und legte seine Kleidungsstücke fein säuberlich neben dem Schlafsack zusammen. Nur – als er früh am nächsten Morgen erwachte, waren seine Kleider weg! Lediglich seine roten Ringelsöckchen waren ihm geblieben, und angetan mit diesen hüpfte er wie ein Känguruh in seinem Schlafsack an die Straße, um ein vorbeifahrendes Polizeiauto anzuhalten. Mit Schlafsack und Socken lieferte die Polizei ihn dann bei uns ab. Glücklicherweise konnten wir ihn aus seiner mißlichen Lage befreien.

Er war nicht der erste, den uns die Polizei an die Tür zwecks Einkleidung brachte. Bereits in unserem ersten Winter in St. Pauli ereignete sich etwas Ähnliches. Es war ein paar Wochen vor Weihnachten, und die Kinderweihnachtsfeier stand für den Tag auf dem Programm. Morgens war ich früh im Saal, da noch die Päckchen eingepackt, die Tische gedeckt und das Essen gerichtet werden mußte. Als es an der Saaltür schellte und zwei junge Herren in Zivil ihre »Hundemarke« vorzeigten, war ich zunächst nicht leicht zu überzeugen. Es war bitterkalt, Schneeberge von den freigeschaufelten Gehwegen türmten sich vor dem Streifenwagen. Trotzdem war die Dame, die die beiden Beamten begleitete, nur mit einer leichten Bluse bekleidet und hatte ein Handtuch mit den eingewebten Worten »Freie und Hansestadt Hamburg« umgeschlungen.

Sie war Bardame in einem privaten Club für asiatische Matrosen. Am Abend zuvor hatte sie ihren Dienst angetreten und die übliche Arbeitskleidung an- bzw. ausgezogen. In der Nacht war es dann in der Nachbarschaft zu einer wilden Schießerei zwischen zwei rivalisierenden asiatischen Banden mit zwei Toten und zwei Schwerverletzten gekommen. Die Täter flüchteten in das Nachtlokal, wo wenig später die Polizei auftauchte, um alle Anwesenden auf die Wache zu nehmen, einschließlich unserer Dame mitsamt ihrer »Arbeitskleidung«.

Auf der Wache waren die Polizisten Kavaliere genug, ihr ein Handtuch zu leihen – Holzbänke hinterlassen Splitter an empfindlichen Stellen! Aber als die Vernehmung vorbei war und die Protokolle unterschrieben, ergab sich ein Problem: Wohnungsschlüssel und Straßenkleidung waren im Spind im Nachtclub. Und da war morgens um acht Uhr niemand aufzutreiben. So landete die Bardame mitsamt Handtuch bei mir im Saal. Wir konnten sie komplett ausstaffieren, von der Unterwäsche bis zum Wintermantel, weil wir gerade eine Lieferung von einem Kaufhaus erhalten hatten. Aber das war eigentlich das kleinere Problem. Schwieriger war, daß das Lokal erst zwölf Stunden später aufmachte und sie bis dahin nicht an ihren Wohnungsschlüssel konnte.

Die Ereignisse der Nacht waren traumatisch gewesen: die Bar erst von einer Mörderbande, dann von schwerbewaffneten Polizeikräften gestürmt, schließlich die lange, zermürbende Wartezeit auf der Wache – sie war völlig fertig.

Zusammen tranken wir erst mal einen Kaffee. (Engländer würden normalerweise in einer solchen Situation zu einer »nice cup of tea« greifen, aber ich bin eben keine normale Engländerin.)

Durch die ganze Sache war ich mit meinen Festvorbereitungen in Verzug geraten. »Könnten Sie mir vielleicht ein bißchen helfen? Ich muß bis heute nachmittag eine Menge Päckchen gepackt haben? Salate machen, Tische decken?«

»Na klar. Was ist denn bei euch los?«

»Kinderweihnachtsfeier. Die Kinder aus der Kinderstunde und der Sonntagsschule.«

»Hört sich nach Arbeit an! Ich helfe Ihnen gern – wenn ich darf.«

Jetzt war ich an der Reihe, verblüfft zu gucken. Die Heilsarmee ist so daran gewöhnt, Menschen nicht mit Almosen abhängig zu machen, sondern ihnen durch irgendwelche Arbeitsangebote etwas ihr Selbstbewußtsein zu stützen, daß mir gar nicht in den Sinn gekommen war, die Bardame könnte sich auf der Kinderweihnachtsfeier der Heilsarmee deplaziert vorkommen!

So arbeiteten wir Stunde um Stunde in unserem schön geschmückten Saal. Sie erzählte manches aus ihrem Leben; es war wenig Erfreuliches dabei. Im Erzählen aber lokkerte sich die Anspannung der letzten Stunden.

Ich würde Ihnen gern berichten, daß diese Frau jetzt irgendwo aktiv in einer christlichen Gemeinde arbeitet, meinetwegen selber Kinderstunden leitet. Aber es ist selten so, daß solche Träume wahr werden. Überhaupt meine ich, daß man viel Fingerspitzengefühl benötigt, um ein evangelistisches Gespräch mit einem Bittsteller zu führen. Sehr leicht denkt er, sich aus Dankbarkeit bekehren zu müssen oder ganz einfach, weil er sich dadurch mehr erhofft. Wie oft ist in Hamburg jemand während der Gebetszeit am Ende der evangelistischen Versammlung nach vorne gekommen, weil er sich davon eine schnellere Bearbeitung seines Wunsches nach einer neuen Hose versprach!

Christliche Sozialarbeit will die Menschen nicht einfach körperlich und seelisch versorgen. Sie wird um des Evangeliums willen getan und will immer zu einer Begegnung mit Jesus Christus helfen. Aber das heißt nicht, daß sich die Menschen nach erhaltener Hilfeleistung jedesmal bekehren.

Trotzdem ist diese soziale Arbeit ein wesentlicher Bestandteil der Evangelisation. Um glaubwürdig verkünden zu können, muß sich die Kirche um Geist, Seele und Leib der Menschen kümmern. Oder sie verkümmert. Denn der Herr, nach dem die Christen genannt sind, hat auch nicht nur gepredigt, sondern Hungrige gesättigt, Traurige getröstet, mit Geächteten Gemeinschaft gehabt. Als er den Fünftausend zu essen gab, bekehrten sich die Menschen nicht reihenweise. Es kam sogar zu einer scharfen Auseinandersetzung, weil Jesus sie auf Wichtigeres als Sattsein aufmerksam machte. Indem er sie aber speiste, hatte er – menschlich gesprochen – auch das Recht, sie zu lehren. Der Gründer der Heilsarmee sagte einmal, daß es keinen Zweck habe, einem hungrigen Magen zu predigen. Vor lauter »Magengrummeln« werde er nicht hören können. Wir Christen müssen es immer wieder lernen, so zu handeln wie Jesus: Heilen und hören, speisen und sprechen, bekleiden und begleiten.

Ich bin in der anglikanischen Kirche aufgewachsen. Es steht mir also gar nicht zu, mich irgendwie negativ über die Kirchen in Deutschland zu äußern. Wenn ich es trotzdem tue, dann, weil es mir leid tut, daß allzu viele Christen die »Diakonie« höchstens zweimal im Jahr berührt, nämlich wenn in ihrer Kirchengemeinde für das Diakonische Werk gesammelt wird. Diakonie hinter hohen Anstaltsmauern und losgelöst von den einzelnen Gemeindemitgliedern kann doch nicht im Sinne des Erfinders sein, oder? Jesus zumindest setzte sich zu den Traurigen, Behinderten, Ausgestoßenen. Dahin gehört auch die Gemeinde. Es ist sicherlich schön, wenn die Gemeindeparkplätze von blitzenden Mittelklassewagen strotzen. Wenn ein Fabrikbesitzer sich zu Jesus bekehren möchte, bitte sehr. Aber ich befürchte manchmal, die frommen Gemeinden vergessen zu gern das Kleine, das Arme, das sozial Schwache in ihrer Umgebung. Jesus hätte das nicht getan.

Teppichboden

Es ist natürlich nicht jede Gemeinde dazu berufen (oder vielleicht doch?), solche »Extremfälle« in ihrer Mitte aufzunehmen wie die Heilsarmeegemeinde in St. Pauli. Wir sind schon ein sehr weit vorgeschobener Posten im »Feindesland«, mit allen damit verbundenen Vor- und Nachteilen.

Unseren Versammlungssaal mit Teppichboden auszulegen, zum Beispiel, wäre ein Ding der Unmöglichkeit. Wenn die Coffee Bar ihre Pforten um 23.00 Uhr schließt und der Saal anschließend aufgeräumt werden muß, dann ist jeder müde und möchte so schnell wie möglich fertig werden. Kerzenwachs und Kaffeereste, Tabakkrümel und Spuren von Hundedreck sind nichts für einen Teppichboden. Und es gibt noch Schlimmeres!

Letztes Jahr passierte mal wieder so etwas. Ein ziemlich stark Angetrunkener kam abends zur Versammlung und wurde prompt von den Saalordnern in die erste Reihe gesetzt. (Ich weiß weder, warum die Betrunkenen immer wieder auf die ansonsten nicht gerade begehrten Plätze ganz vorne so scharf sind, noch warum unser Türdienst sie so häufig dahin gelangen läßt, denn es gibt kaum etwas

Störenderes für den Prediger als die Kaspereien, Grimassen und das laute Schnarchen eines Betrunkenen direkt vor seiner Nase.)

Aber es war nun wieder einmal passiert. Da ich ihn von meinem Platz auf der Plattform nicht ganz sehen konnte, nahm ich ihn erst richtig wahr, als ich am Rednerpult stand und meine Bibelansprache hielt. Er war eingeschlafen. An sich war das nicht weiter schlimm, dann konnte er wenigstens keine unpassenden Zwischenbemerkungen machen. Unangenehm war nur, daß er in die Hose gemacht hatte. Eine große Pfütze breitete sich um seinen ausgelatschten Schuh aus. Auch das störte mich nicht besonders. Unser Saal am Sonntagabend ist sowieso mit allen »Wohlgerüchen Arabiens« gefüllt – zumindest war es so, bis vor kurzem umgebaut und eine starke Belüftungsanlage installiert wurde! Nein, mich störte nur eins: die Menge. Ich hatte nicht gewußt, daß die menschliche Blase ein so großes Fassungsvermögen hat! Die Lache wurde immer größer. Ich redete noch ein paar Sätze, blickte von meinen Notizen hoch – die Pfütze war noch größer! Fast magisch wurden meine Blicke auf die erste Reihe gezogen, ich verlor beinahe den Faden ... Ein Glück, daß ich nicht einen »wasserbezogenen« Predigttext hatte; es wäre sonst um meine Beherrschung geschehen gewesen!

Daß manche unserer Versammlungsbesucher nicht nur im Oberstübchen »nicht ganz dicht« sind, war für mich der Grund, bei unserem Saalumbau energisch gegen Polsterstühle zu protestieren. »Nein«, beschied ich die Prokuristin der Stuhlfirma, »Polsterstühle auf gar keinen Fall, und zwar, weil ...« Sie verstand die Situation und brachte zum Probesitzen eine Reihe ungepolsterter Holzstühle mit. Und dann fischte sie aus der Handtasche eine Stoffprobe – eine Spezialentwicklung einer norwegischen Firma, extra für Alten- und Pflegeheime entwickelt. Es war zwar Stoff, aber mit einer Latexschicht abgedichtet, so daß das Polster nicht feucht wurde. Nach einer Durchlässigkeits- und Reinigungsprobe mit Milchkaffee war ich restlos begeistert.

Wir bestellten – zu jedermanns Überraschung – gediegene stoffbezogene Stühle. Sie waren zwar teurer als die normalen Polsterstühle, aber allemal ihr Geld wert. Denn wer sitzt schon gern unbequem? Kein Bischof und auch kein Berber.

Wenn ich gelegentlich von einer Gemeinde höre (von einem Heilsarmeekorps habe ich das noch nicht gehört, aber Gnade euch Gott, wenn es mal geschähe!), daß man »solche Leute« nicht zum Gottesdienst einladen könne, weil sie eventuell den Teppich oder die Stühle dreckig machten, kann ich nur sagen: Ihr habt den falschen Saal. Denn als Jesus damals in der Synagoge von Nazareth die auf ihn bezogene Schriftstelle las, listete er nicht nur als Kennzeichen seiner Person die Heilung von Blinden und die Befreiung von Gebundenen auf. Als erstes (vielleicht gar als erste Priorität?) sagte der Herr: »Der Herr hat mich beauftragt, den Armen gute Nachricht zu bringen.« Von den Reichen sprach er nicht ...

Oder ist das nur mein proletarisches Herz, das traurig ist, weil die Säle der frommen Gemeinden voll sind von selbständigen Handwerkern, besseren Beamten und gehobenen Gesellschaftsschichten? Wo bleiben die Arbeiter, die Arbeitslosen?

Die Kochgruppe

Als mein Mann und ich vor zwölf Jahren nach Hamburg versetzt wurden, existierte im Heilsarmeekorps keine Kinder- oder Jugendarbeit. In der Gemeinde waren überhaupt nur drei oder vier Mitglieder unter dreißig, und sie waren nicht gerade die Eifrigsten. Die jungen Mitglieder des Missionsteams Hamburg waren gemeindlich in der Methodistenkirche eingebunden und standen der Heilsarmee nicht zur Verfügung. Aber Gott ist immer noch Gott, und damit machen ihm Grenzen und Begrenzungen nichts aus. »Zufällig« ergab sich etwas. (Was, Sie glauben als Christ nicht an Zufall? Sollten Sie aber, es steht in der Bibel: »Trachtet zuerst nach dem Reich Gottes, so wird euch alles andere zufallen!«)

Zwei junge musikalische Heilsarmeesoldaten zogen berufsbedingt nach Hamburg, ein Orgelbauer aus der Schweiz und ein Student aus Norwegen. Sie waren unsere Gebetserhörung. Mit dieser Verstärkung unternahmen wir die Gründung eines Jugendclubs. Die ersten Jugendlichen und jungen Erwachsenen holten wir uns von der Straße und aus der Besucherschar der Kleiderausgabe. Oder sie erschienen aus – für uns – unerklärlichen Gründen. »Meine Mutter hat auf der Mönckebergstraße eure Zeitschrift gekauft. Sie meint, wenn ich schon nicht in die Kirche gehen will, kann ich vielleicht zu euch kommen«, so der Ausspruch eines fast zwei Meter großen LKW- Fahrers.

Siebzehnjährige Trebegänger, Teenager, die mit der Flasche (aber nicht der Milchflasche) erzogen worden waren, Ausreißer aus der gutbürgerlichen, womöglich frommen Welt – wie reagieren solche Jugendliche, wenn eine rundliche Matrone in dunkelblauer Uniform sie zu einem Bibelgespräch einlädt? Vermutlich negativ. Aber wenn Altersgenossen in Jeans und Anorak zum Billard oder Backen animieren, ja, das ist was anderes! Obwohl die Bibelarbeit dann trotzdem nicht zu kurz kam.

Und so machte ich eine für mich schreckliche Entdekkung. Daß Jungen eine Menge Essen vertilgen können, war mir nicht neu. Mädchen in einem gewissen Alter sind auch nicht ohne. Aber was wir in unseren ersten Kochgruppen erlebten, war purer Hunger. Im Laufe der Jahre hatten wir neben den üblicheren Gruppen wie Tischtennis und Gitarre auch »English for Beginners« (für einige Sonderschulabgänger und ausgereiste DDR-Jugendliche), Norwegisch, Pantomime und Führerscheintheorie. Aber die Kocherei erwies sich als die dauerhafteste Einrichtung. Jedes Jahr finden sich Mitglieder des Jugendclubs ein, die in unserer »Versuchsküche« mit einfachen und preiswerten Lebensmitteln ausprobieren, wie und was man essen kann. Denn viele der Jugendlichen haben ihre Kindheit in Heimen verbracht; das Essen wurde fertig in großen Containern herangefahren. Andere saßen im Knast. Und kaum einer hatte eine Mutter, die sich die Mühe machte, mit ihren Kindern gemeinsam einzukaufen oder eine Mahlzeit vorzubereiten. Ich habe einmal eine Gruppe Jugendlicher gefragt, wie lange Salzkartoffeln kochen. Die Antworten reichten von »fünf Minuten« bis »zwei Stunden«.

Wenn solche Jugendlichen aus den Heimen oder aus der wenig zärtlichen Obhut ihrer Mütter entlassen sind, bieten sich für sie zwei Möglichkeiten: Entweder man geht essen, wozu das Sozialhilfegeld erfahrungsgemäß nicht reicht. (Am Ende des Geldes ist immer noch zu viel Monat übrig.) Oder man kocht sich selber etwas. Aber wenn man nicht weiß, was und wie, wird auch das recht schnell eine öde Geschichte. Also geht man doch wieder essen, borgt sich was, klaut sich was ...

Deswegen fing die Kochgruppe an. Erschrocken war ich, als ich feststellen mußte, daß manche Jugendliche erst abends um 20.00 Uhr in unserer Versuchsküche den ersten warmen Bissen des Tages zu sich nahmen. Meistens waren es die Mütter, die sich außerstande sahen, irgend etwas zu kochen. An flüssiger Nahrung fehlte es selten. Die Väter – falls überhaupt vorhanden – aßen bei der Arbeit, und die Jugendlichen begnügten sich mit Brot, Süßigkeiten und (am Monatsanfang) Hamburgern.

Sie denken, ich übertreibe? Ich kam einmal in die Küche vom Jugendclub, als drei ratlose Sechzehnjährige berieten, wie am besten das Ei »aufzumachen« sei. Sie hatten halt noch nie gesehen, wie ein Ei aufgeschlagen wird.

Ich bin nun keine tolle Hausfrau, und manchmal fiel es mir ganz schön schwer, Ideen zu entwickeln, die a) nicht zu teuer sind, b) vier bis fünf Leute eine Stunde beschäftigen, c) innerhalb einer Stunde fertig sind und d) für dreißig Mit-Esser des Jugendclubs Proben abgeben!

Zur Zeit findet die Kochgruppe in dieser Form nicht statt. Die Zusammensetzung der Jugendclubs ändert sich, und damit auch die gefragten Interessenangebote. Sie hat aber jahrelang ihren Zweck erfüllt. Und sie hat Udo in das Reich Gottes gebracht!

Udo war Handwerker. Auf der Suche nach Arbeit kam er nach Hamburg, aber die Großstadt brachte ihm nicht viel Glück. Arbeit hatte er schnell, und genauso schnell die falschen Freunde. Udo war unsicher und meinte, seine Freunde kaufen zu müssen. Eine Lokalrunde nach der anderen in den mittelprächtigen Etablissements von St. Georg, und Udo hatte auf einmal eine Menge Kumpels. Allerdings auch eine Menge Schulden, so daß er seine Miete nicht mehr bezahlen konnte und bald obdachlos wurde.

Irgendwo unterwegs in St. Georg kamen ihm in einer Schlägerei die Vorderzähne abhanden. Seinen Arbeitsplatz wurde er auch los. Somit war es ein hoffnungsloser, arbeits–, wohnungs- und zahnloser Udo, der im städtischen Obdachlosenasyl landete. Und geradewegs in die Arme von »Gottes Fremdenlegion« geriet.

Damals war Christof – Sie erinnern sich an ihn? – gerade seit ein paar Wochen Christ. Er wohnte noch im Pik-As, dem Obdachlosenasyl, und war voll missionarischen Eifers. Udo hatte das Pech – zumindest dachte er damals, es sei Pech –, das Bett neben Christof zu bekommen. Nein, er wolle nicht zur Heilsarmee mitkommen. Nein, bekehren wolle er sich erst recht nicht. »Ist sowieso alles kappes. Alle wollen nur Geld sehen, erst recht die Schnorrer von der Heilsarmee. Die kommen schon mit Sammelbüchse zur Welt!« Man solle ihn endlich in Ruhe lassen, er sei fertig mit der Welt. Christof machte einen letzten Versuch. Ob er nicht mitkommen wolle zum Jugendclub? Da gebe es eine Tischtennisgruppe und eine Kochgruppe und ...

Udo wacht auf. »Und was kostet's?«

»Nix.«

»Und ... kann man das, was man gekocht hat, auch essen?«

Christof grinst. »Sicher, wenn es eßbar ist!«

Udo, der in besseren Tagen kein schlechter Hobbykoch war, kommt mit. Am Anfang ist es die selbstzubereitete

Zusatzverpflegung, die ihn anzieht. Später entsteht Vertrauen, zunächst zu Mitarbeitern und dann zum Herrn selbst.

Udo wird Christ. Seine glücklose Vergangenheit wird Jesus Christus übereignet, der nicht nur Vergangenheitsbewältiger, sondern auch Zukunftsgestalter ist. In der Kochgruppe findet Udo Freunde – und eine Freundin, die stellvertretende Jugendclubleiterin. Ganz ohne Bedenken ist die Umgebung auch diesmal nicht: Sie, fest im Berufsleben und Heilssoldatin – er, arbeitslos und neugeborener Christ. Aber sie sind sich ihrer Sache sicher. Um eine lange Geschichte kurz zu machen: Die Familie mitsamt zwei Kindern lebt glücklich in Süddeutschland, wo Udo eine geschätzte Fachkraft in seiner Firma ist. Gemeinsam nehmen sie aktiv am Leben ihrer Gemeinde teil. Angefangen hatte es mit einer Einladung zum Kochen.

Eigener und fremder Schmerz

Glücklicherweise mußte ich nicht allzuviel Krankenschwestern-Dienste verrichten. In den entfernten Tagen meiner Jugend ließ ich mich dazu überreden, einen Schwesternhelferinnen-Kurs des Britischen Roten Kreuzes zu besuchen. Die Prüfung bestand ich auch, das anschließende Krankenhaus-Praktikum in den Sommerferien war aber nicht so einfach. Theoriekenntnisse sind eine Sache, Bettpfannen eine gaaaanz andere. Schließlich fragte man mich, was ich wohl gut könne. Ich antwortete: »Geschichten vorlesen und Blumen arrangieren.« Damit verbrachte ich dann die nächsten drei Wochen, sehr zum Verdruß meiner Kameradinnen, denen während dessen alles andere als Blumenduft um die Nase wehte.

Aber wie gesagt, es ist recht selten, daß meine kaum vorhandenen pflegerischen Kenntnisse gebraucht werden.

In der Regel ist in den Veranstaltungen irgendeine Besucherin Krankenschwester, und im Missionsteam arbeiten zur Zeit eine Ärztin und eine Schwester mit. Sie haben genug zu tun, denn gerade die Männer der Tagesstätte, um die sich die Teamler kümmern, pflegen sich in der Regel nicht. Da gibt es Blessuren durch Schlägereien, offene Beine, im Suff nicht wahrgenommene Verletzungen, die versorgt werden müssen.

Manchmal kommt der Schmerz buchstäblich bis vor unsere Füße. Meine Kollegin Kapitänin Frensel teilt mit uns beiden Wohnung und Arbeitsplatz. Als sie eines Abends unser Haus verlassen will, um in den Lokalen der Nachbarschaft ihre Heilsarmeezeitungen zu verkaufen, fällt sie fast über einen Mann, der gekrümmt auf den Treppenstufen liegt. »Schon wieder ein Besoffener«, denkt sie – und ehrlich gesagt, ich hätte das gleiche gedacht.

Aber irgendein Instinkt läßt sie nicht weitergehen. Alkohol ist nicht zu riechen; seine Sachen sind zwar abgetragen, aber nicht verdreckt. Er ist kaum wachzukriegen. Sie ruft kurzentschlossen einen Krankenwagen. Ich fürchte, die Feuerwehr stöhnt schon, wenn ein Anruf von der Heilsarmee kommt, da es doch meistens ein stockbesoffener, renitenter Kunde ist, den wir, zur eigenen Sicherheit, seinen Rausch nicht allein ausschlafen lassen können. Aber wie dem auch sei, die Feuerwehr kommt. Schaut sich den Mann an. Und holt den Notarzt. Später stellt sich heraus, daß der Herzschrittmacher plötzlich versagt hatte. Fünf Minuten länger auf den Treppenstufen der Heilsarmee, und er hätte nicht mehr gelebt.

Als eine sehr nachdenkliche Kapitänin Frensel im Gottesdienst darüber erzählt, gibt es einige rote Gesichter im Saal. Gerade ein paar unserer Versammlungsbesucher waren es, die am Abend zuvor den halbbewußtlosen Mann auf der Reeperbahn aufgegabelt und »zum Ausschlafen« bis zu unserem Haus geschleift hatten.

Ich frage mich: Wieviel unerkannte Not, stummer

Schmerz und Verzweiflung liegen in den Gossen und Glitzertempeln unserer Großstädte?

Eigenes Leid

Oft genug allerdings ist es kein stummer, sondern ein lauter Schmerzensschrei, der in unsere Schläfrigkeit hineinbricht und unsere Gleichgültigkeit stört. Ein Grübler wird seinen Schmerz, seine Enttäuschung in sich hineinfressen. Wer aber sieht, daß in seinem sozialen Umfeld Schwierigkeiten nur mit Gewalt gelöst werden, wird auch dem Problem »Schmerz« am ehesten mit einem Faustschlag in ein Gesicht begegnen.

Doch manchmal ist es der eigene Schmerz, mit dem man fertig werden muß. Kürzlich sangen wir in einer Versammlung einen alten »Heilsschlager«: »Wer zum Heiland sich bekehrt, hat den Himmel auf der Erd'.« Na ja. Es stimmt schon, daß die Ewigkeit ins Herz eines wiedergeborenen Menschen einzieht, daß er eine Verbindung mit dem Vater hat und darüber Freude der Grundton seines Lebens wird. Aber »Himmel auf Erden«?

Wir leben nicht unter irgendeiner frommen Käseglocke, die uns vor aller Unbill schützt. Wir sind Menschen und teilen mit der noch unerlösten Menschheit die Folgen des Ungehorsams unserer ersten Eltern: Tod, Sünde, Krankheit, Krieg, Egoismus. Aber wir haben das unschätzbare Plus, daß uns in Jesus Christus die Gewißheit des ewigen Lebens gegeben ist. Und das läßt uns oft unwichtig erscheinen, was Menschen ohne diese hoffnungsfrohe Sicherheit ganz aus dem Tritt geraten läßt.

Ich zum Beispiel kann nicht glauben, daß mein Gott Krankheiten austeilt. Manche können das einfach so stehenlassen, sagen angesichts großen Leides: »Der Herr hat mich geprüft«, oder: »Er hat mich aufs Krankenlager geworfen.« Wenn sie damit ruhig leben kann, ist es für die betreffende Person in Ordnung. Aber ich kann es nicht. Zwar weiß ich wohl, daß alles vom Vater zugelassen sein muß, was mir begegnet. Aber geschickt? Nein. Es sind Folgen der Umweltzerstörung, der Zivilisation, der eigenen Gefräßigkeit. Und da, wo mir etwas passiert, ohne daß ich erkennen kann, welche Ursachen dafür in Frage kämen, ist es auch nicht mein liebender himmlischer Vater, der mich ein bißchen quälen will, sondern Satan, der noch der Fürst dieser Welt ist, worunter wir zu leiden haben.

Leid habe ich in den ersten dreißig Jahren meines Lebens kaum kennengelernt. Ich hatte eine glückliche Kindheit in der Großstadt London, war erfolgreich in der Schule und bei den Pfadfinderinnen und in der Kirchengemeinde engagiert. Als ich mit fast achtzehn Jahren zum ersten Mal bewußt hörte, daß man nicht Christ ist, weil man zur Kirche geht, sondern weil man Jesus Christus die totale Herrschaft in allen Lebensbereichen übereignet hat, war das in einer Evangelisation mit Billy Graham in London. (Der Hinweis der Billy-Graham-Organisation an den Pfarrer meiner Gemeinde, ich sei Christ geworden, löste Verwirrung aus, war ich doch Sonntagsschulleiterin, Gründerin des Jugendclubs und Christ seit meiner Taufe im zarten Alter von zwei Monaten, oder?) Ein paar Monate später, nach bestandenem Abitur, zog ich nach Köln am Rhein, wo ich vor meinem Germanistik-Studium ein Jahr als Sekretärin arbeiten wollte.

Aber hier galt wie so oft im Leben: »Erstens kommt es anders, zweitens als man denkt.« Meine Unfähigkeit, mit Geld umzugehen – ich hatte keine Ahnung, daß ich monatlich bezahlt würde und gleich in der ersten Woche mein Mitgebrachtes auf den Kopf gehauen, worauf meine Zimmerwirtin mich an die Luft setzte – führte mich letzten Endes in das Mädchenwohnheim der Heilsarmee in Köln. An dem Tag, an dem ich einzog, fand die Willkommensversammlung für die neuen Landesleiter der Heilsarmee in Deutschland statt. Die Heimleiterin lud mich gleich zu dem Gottesdienst ein, der in einer Kölner Kirche stattfand. Ich zeigte kein großes Interesse, schließlich war ich Anglikanerin und hatte vor, sonntags in die Kölner anglikanische Gemeinde zu gehen. Aber dann sagte die Brigadierin: »Es sind Amerikaner. Sie werden wohl auf Englisch predigen.«

Die ersten zwei Wochen Deutschlandaufenthalt hatten mir so zugesetzt, daß ich für eine Predigt auf Englisch fast alles getan hätte – Heilsarmee eingeschlossen! So begann meine Geschichte mit der Heilsarmee. Als Engländerin war ich gewohnt, sonntags morgens und abends in den Gottesdienst zu gehen. Hier hockte ich in Köln, noch keine Bekannten, ziemlich pleite – und keine Kirche bot am Sonntagabend einen Gottesdienst an. Bis auf die verrückte Heilsarmee!

Naja, dachte ich mir, es wird dir nicht schaden, wenn du einmal zu einer Heilsarmeeversammlung gehst. (Die Sonntagsversammlungen fanden im gleichen Hause statt, ich mußte nur vom Wohnheim mit dem Fahrstuhl hinunterfahren.)

Die Versammlung gefiel mir gar nicht. Feierliches Orgelgebraus war ich gewöhnt, mittelalterliche Liturgie und schweigende Frauen. Aber hier predigte ein weiblicher Offizier, es gab Blasmusik und Händeklatschen, zwischendurch rief jemand: »Halleluja.« Jeder konnte aufstehen und erzählen, was Gott in seinem Leben getan hatte. Und am Ende der Versammlung, nach der Predigt, kam eine Gebetszeit, in der man mich an die Schulter tippte und nach meinem Verhältnis zu Jesus fragte! Nein, es gefiel mir ganz und gar nicht. Aber am nächsten Sonntag, kurz vor sechs Uhr abends, hatte ich mich doch wieder durchgerungen, dabei zu sein ...

Ich möchte Sie, liebe Leser, nicht mit den ganzen Einzelheiten langweilen. Aber noch nicht einmal zwölf Monate später tauschte ich mein Germanistikstipendium in England mit einem Kadettenkurs auf der Offiziersschule der Heilsarmee in Westfalen ein.

Ich war ein Neuling, im Glauben wie auch in heilsarmeeinternen Dingen, aber ich war überzeugt, an dem mir von Gott verordneten Platz zu sein. Und ich bemühte mich eifrig, so viel wie möglich zu lernen, zu lesen, zu üben.

Ein paar Jahre später heiratete ich einen schmucken Leutnant; den einzigen Mann, den ich je heiraten wollte, habe ich auch gekriegt. Nein, von Leid wußte ich wirklich wenig. Meine Familie war gesund, unsere Ehe war glücklich, wir fanden Erfüllung in unserem Dienst für den Herrn . . .

. . . Es fing damit an, daß meine Schrift unleserlich wurde. Meine rechte Hand funktionierte nicht mehr richtig, die Bewegungen waren zu heftig oder zu zögernd. Nachdem ich an einem Tag zwei Kaffeekannen zerdeppert hatte, ging ich zum Arzt. Er vermutete eine Störung im Schulter/Halsbereich und ließ mich jeden Tag aufhängen. So hing ich also ausgerechnet in der für mich so arbeitsreichen Adventszeit täglich zwanzig Minuten in irgendeinem Folterapparat und war bemüht, adventliche Gedanken in mich aufzunehmen. Mit miserablem Erfolg.

Am Ende des Monats – da konnte ich schon wieder einiges mit der Hand anfangen – wurde ich an einen Neurologen überwiesen. Der Arzt erklärte mir, ich hätte eine Entzündung im Gehirn gehabt und müsse jetzt geduldig abwarten, bis die Schwellung im Gehirn abgeklungen sei und die Nervenzellen wieder richtig funktionierten. Bis dahin solle ich ausruhen und ja nicht zuviel arbeiten.

Es war ein paar Tage vor Weihnachten. Auf dem Tagesprogramm standen vier (!) Weihnachtsfeiern für Obdachlose bei uns im Hause. Fünfhundert Männer mit den bekannten weihnachtlichen Stimmungsschwankungen sollten bewirtet, beschenkt, unterhalten werden.

»Dann arbeiten Sie bitte ab morgen nicht!« Ich versprach ihm, nach Weihnachten ein wenig kürzer zu treten, und versuchte, mir keine Gedanken zu machen, obwohl mich alle Krankheiten, die mit dem Gehirn zu tun haben, leicht beunruhigen.

Erwischt hat es mich aber am gleichen Abend. Da versuchte ich, jemanden umzubringen. Die Feiern liefen ohne größere Probleme ab. Weit nach Mitternacht waren wir mit dem Aufräumen beschäftigt. Ein Mitarbeiter nervte und nervte. Ich war mit meinen Nerven am Ende, und als besagter Bruder erneut ansetzte, drehte ich durch. Ich sprang ihm an die Kehle und versuchte zuzudrücken. Verständlicherweise wehrte er sich. Gerade in dem Augenblick betrat mein Mann den Raum. Aus seiner Warte sah es aus, als würde der Bruder mich angreifen; er nahm das erste, was zur Hand war – den Fahnengurt – und wollte auf ihn eindreschen. Ich kam wieder zu mir, bugsierte meinen Mann aus der Tür, bevor er eigentlich erfaßt hatte, was überhaupt geschehen war, und entschuldigte mich bei dem Mitarbeiter. (Er war so gut, nie wieder von dem Vorfall zu reden.) Dies war der Anfang einer Krankengeschichte, die für mich in der Zukunft vielleicht Leid bedeuten wird.

Ich hatte die unkontrollierten Armbewegungen fast vergessen, als im Frühjahr plötzlich meine Füße betäubt waren. Ein erneuter Besuch bei Neurologen, und diesmal die Überweisung in die Neurologische Poliklinik. Ich war verwirrt. Wieso schon wieder? War mein Gehirn krank? Ich habe mich nie für Krankheiten interessiert und hatte wirklich keine Ahnung.

Aber Gottes Timing ist perfekt. Bei uns in der Heilsarmee- Gemeinde haben wir eine Frau, die im Rollstuhl sitzt. Sie ist Offizierin, genau wie ich, und versucht trotz ihrer Krankheit für das Reich Gottes zu tun, was sie kann. Wir sprachen gelegentlich miteinander. Aber ich wußte nicht, was ihr fehlte, denn sie redete selten über ihre Krankheit. Doch einmal erklärte sie mir, daß sie Multiple Sklerose habe und wie sie sich bei ihr auswirke.

Eines Tages wachte ich auf, tapste mühsam in meine Pantoffeln – ich konnte meine Beine und Füße nicht fühlen und wußte nicht, ob ich schon auf dem Boden oder noch in der Luft war – und sagte zu meinem Mann: »Ich würde mich nicht wundern, wenn ich das Gleiche hätte wie Inge.«

»Wieso? Was hat denn Inge überhaupt?«

Ich erklärte es ihm, so gut ich konnte.

An dem Tag mußte mein Mann zu unserem Hausarzt. »Wie geht es denn Ihrer Frau?« fragte der Arzt.

»Nicht besonders gut. Sie kann ihre Füße irgendwie nicht fühlen und fällt deshalb häufig um.«

»Ja, das ist leider ein typisches Zeichen von Multipler Sklerose.« Mein Mann war wie vom Donner gerührt. Nie hatte man zu uns von mehr gesprochen als von einer »Gehirnschwellung«.

Es war aber leider so. Ein Krankenhausaufenthalt brachte die Gewißheit: MS.

Wasserdichter Glaube

Als die Ärzte in weißen Kitteln und mit sorgenvoller Miene um mein Bett herumstanden, um mir das Ergebnis ihrer Untersuchungen mitzuteilen, spürte ich ganz besonders die Nähe meines Gottes. Vorher hatte ich ein Gespräch bei einer Psychologin, die abklopfen sollte, ob man der Patientin die Diagnose sagen dürfe oder nicht. Sie muß mich für belastbar gehalten haben, denn das Gerede von »Gehirnschwellungen« wurde nie wiederholt. Grund zur Vorsicht hatten die Ärzte allerdings schon, da sich einmal ein Patient nach etwas ungeschickt geäußerter Diagnose in sein Auto hievte, zur hafenumspannenden Kohlbrandbrücke fuhr und sich von der höchsten Stelle ins Wasser stürzte. Aber bei mir wußten die Ärzte, daß ich Christin bin.

Oft genug hatten wir über Kortison und seine Auswirkungen gescherzt – ja, Sie haben richtig gelesen, gescherzt. Sicher weiß ich – jetzt – von den gravierenden Nebenwirkungen dieses Medikaments. Aber damals konnte ich mich nur daran erinnern, daß ich als Kind eine kortisonhaltige Salbe für mein Gesicht bekommen hatte, die meiner Haut gut bekam. So war ich entzückt, als das Krankenhauspersonal mir Kortisontabletten verordnete. Zwar hatten sie ungefähr eine Woche damit verbracht, bei mir im voraus alle möglichen Nebenwirkungen zu testen, aber davon wußte ich nichts. Ich sah nur die Pfirsichthaut meiner

Kindheit! Verblüfft klärte man mich auf. »Das Zeug ist Gift. Aber es ist das einzige, womit wir Ihnen zur Zeit helfen können. Damit werden die entzündeten Stellen im Gehirn schneller ausheilen – und Ihr Gehirn hat eine etwas längere Erholungsphase. Bis zum nächsten Schub.«

Rückblickend scheint es mir fast so, als sei ich »nicht ganz dicht« gewesen, denn ich hatte nichts Besseres zu antworten als: »Gift? Das ist für mich kein Problem. Wissen Sie, in der Bibel gibt es fünf Merkmale, an denen man die Christen erkennen können wird. Und eines davon ist: Sie werden Gift trinken, und es wird ihnen nicht schaden. Deswegen werde ich keine Nebenwirkungen vom Kortison haben. Nur eine bessere Haut.«

Während des Monats im Krankenhaus lag ständig ein Neues Testament auf meinem Nachttisch, an dieser Markusstelle aufgeschlagen. Viele haben sie gelesen. Und ich hatte weder Übelkeit noch Magengeschwüre, noch sonst irgendeine Nebenwirkung.

In den letzten Jahren erlebte ich einige Krankheitsschübe. Gott sei Dank (wem denn sonst?) haben sich alle nach einigen Wochen oder Monaten fast vollständig zurückgebildet, so daß ich normalerweise kaum etwas davon spüre. Ich kenne Menschen, die erheblich mehr unter dieser Krankheit zu leiden haben, die dadurch jahrzehntelang im Pflegeheim leben müssen. Ich möchte unter keinen Umständen, daß sie denken: »Sie kann gut reden, bei ihr ist es immer wieder gut geworden. Nur bei mir . . .« Ich weiß, daß ich bis jetzt aus der Sicht der Ärzte sehr viel Glück gehabt habe. Ich nenne es »Gnade«. Warum es bei dem einen so und bei dem andern anders ist, wissen weder die Ärzte noch ich. Aber mein Leben und damit mein weiteres Wirken für den Herrn ist in Gottes Hand. Durch die Krankheit und die damit verbundene Unsicherheit – man weiß nie, wann noch ein Schub kommt, welcher Körperteil jetzt betroffen sein wird und ob die Ausfallerscheinungen sich zurückbilden – habe ich vertrauen gelernt.

Früher versuchte ich Sonntagskind immer mein Bestes,

um anderen in den kleinen und größeren Unglücksfällen des Lebens beizustehen. Ich gab die richtigen Bibelstellen weiter, versuchte mich in die Situation des anderen zu versetzen. Aber wirklich wissen, ob mein Glaube wasserdicht ist oder bloß ein Schönwettergefährt fürs seichte Ufer, konnte ich nicht. Jetzt weiß ich es: Der Glaube hält. Oder vielmehr: Jesus hält!

Aber es sollte noch etwas – subjektiv gesehen – Schlimmeres kommen, das mir viel Schmerz verursachte.

Die Schwierigkeiten, Frau zu sein

Damals dachte ich mir, daß ich am besten schleunigst für eine rollstuhlgerechte Figur sorgen sollte, damit man mich im schlimmsten Fall wenigstens bewegen könnte. Es ging erstaunlich einfach; 50 kg nahm ich im Laufe eines Jahres ab. Parallel zu den Pfunden verringerte sich etwas anderes: meine Abneigung gegen das Weibliche in mir. Ich entdeckte schöne Kleider, hatte wieder Lust, mich zu schminken. Auf einmal machte es direkt Spaß, Frau zu sein. (Lange Jahre hatte ich es Gott übelgenommen, daß er mich in dieser auf Männer zugeschnittenen Welt nicht als Junge zur Welt kommen ließ!) Aber für das, was dann kam, war ich total unvorbereitet.

Ich schlenderte durch ein Kaufhaus, von einer Abteilung zur nächsten, und kam an einen Grabbeltisch mit Sonderangeboten – Babywäsche, Strampelhöschen, Kleidchen. Mitten im vollbesetzten Kaufhaus fing ich, die souveräne Christine Schollmeier, hemmungslos an zu schluchzen.

Ich konnte es mir selber nicht erklären. Ich hatte nie Kinder haben wollen, meinte immer, keine gute Mutter abgeben zu können. Lautstark hatte ich stets verkündet – und wahrscheinlich etliche meiner Heilsarmeekolleginnen dabei verletzt –, daß es doch für die Heilsarmee und für das Reich Gottes überhaupt viel besser sei, wenn die Offiziersehepaare aufs Kinderkriegen verzichteten, um ihre ganze

Kraft und Zeit ihren evangelistischen und diakonischen Aufgaben widmen zu können. Schließlich sind die Ehefrauen im Offiziersdienst der Heilsarmee genauso ausgebildet wie ihre Männer und sollten diese Ausbildung nicht mit Töpfchen-Training und Fensterputzen vergeuden. Und ich war eine von denen, die mit bestem Beispiel vorangingen und aufs eigene Kind um der Sache willen verzichteten! Großmütig hatte ich dem Herrn dieses »Opfer« dargebracht.

Jetzt stand ich im Kaufhaus und heulte mir die Seele aus dem Leib, weil ich fünfunddreißig Jahre alt war und keine Kinder hatte.

Wir sind kinderlos geblieben. Mein Arzt, dem ich zaghaft meinen Wunsch vortrug, riet dringend davon ab. »Wenn der liebe Gott Ihnen keine Kinder schenkt, dann sollen Sie ihm bei Ihrer Krankheit nicht ins Handwerk pfuschen!«

Aber da war eben das Problem: der Schmerz. Hanna, Rahel und wie die ganzen kinderlosen Frauen der Bibel alle hießen, können nicht eifriger gebetet haben als ich. Und trotzdem war irgendwie von Anfang an für mich klar: »Du hast das Opfer geben wollen. Jetzt kommt die Rechnung.«

Eine Zeitlang konnte ich überleben, indem ich den Schmerz, den ich beim Anblick von schwangeren Frauen und süßen kleinen Zweijährigen empfand, ganz bewußt Gott als »Schmerzopfer« brachte. Das half. Aber immer noch war ich auf der Suche nach der Antwort Gottes. Warum?

Mein Mann war hilflos. Er hielt mich im Arm, wenn ich weinte, und hörte auf, mit den Kleinkindern in der Gemeinde zu spielen, wenn ich in der Nähe war. Auch ich war hilflos. Reden, beten, predigen von einem allmächtigen Gott – wenn er mir nicht einen kleinen Wunsch erfüllte? Berichterstatten von einem liebenden himmlischen Vater, der nur Gutes mit uns vorhat – wenn alle anderen schwanger werden, nur ich nicht?

Ich wurde bitter und rebellisch. Oft genug war es nur die

Gnade Gottes, die mir den Mund zuhielt, wenn ich am liebsten im Gottesdienst geschrien hätte: »Es ist alles nicht wahr! Er liebt nicht alle gleich! Beten nützt nichts, fangt gar nicht erst damit an!« Gott kündigte ich die Freundschaft. Er war mein Arbeitgeber, mehr nicht.

Ich hatte mich in eine Sackgasse hineinmanövriert. Aber der Vater im Himmel wartete geduldig, bis ich meine Ausweglosigkeit erkannte. Auf unseren Straßen sieht man manchmal das Schild: »Keine Wendemöglichkeit für LKWs« am Anfang einer Sackgasse. Glücklicherweise gilt das im geistlichen Bereich nicht. Wenn noch das leiseste Zucken, die kleinste Sehnsucht spürbar ist, dann ist die Wende möglich. Normalerweise bin ich sparsam im Gebrauch des in christlichen Kreisen oft mißbrauchten Wörtchens »dürfen«. Aber in diesem Falle schreibe ich es bewußt: Ich durfte umkehren und meinen aussichtslosen privaten Krieg gegen die Entscheidungen des Herrn aufgeben. Halleluja, ich konnte wieder »Herr« und »Vater« sagen, ohne mir wie eine Heuchlerin vorzukommen. Ich akzeptierte unsere Kinderlosigkeit als Gottes Weg für uns.

Aber immer noch konnte ich kein Kleinkind anschauen, ohne verkrampft und aufgewühlt zu sein. Da zu der Zeit ein regelrechter Baby-Boom in der Hamburger Heilsarmee es fast so schwer machte, einen Kinderwagen im Haus zu parken wie ein Auto draußen auf der zugeparkten Talstraße, war das keine einfache Situation. Was tun?

Irgendwo hatte ich mal den Vorschlag gelesen, daß man für Menschen, die einem Mühe machen, vermehrt beten solle. Das würde zwar nicht die Menschen, aber dafür den Beter verändern. Ich beschloß, es auszuprobieren. Intensiv für alle diese Säuglinge zu beten, überstieg bei weitem meine noch wackligen Kräfte. »Aber ein Baby«, dachte ich mir, »ein Baby schaffst du.« Nur welches?

Ein paar Tage, nachdem mir dieser Gedanke gekommen war, kam ein junges Mädchen aus dem Jugendclub zu mir. Sie war frisch verheiratet. Das ganze Umfeld war schwierig, und ich hatte schon lange für sie und ihren Mann gebetet. Stolz zeigte sie mir ihren gerade ausgestellten Mutterpaß. »Nein, lieber Herr, laß es nicht wahr sein! Sie brauchen noch Zeit, sich an das Leben zu zweit zu gewöhnen, bevor es ein Leben zu dritt wird! Und sie kann doch gar nicht kochen oder sonst für einen Haushalt sorgen!«

Aber es war wahr. Und so fing ich bereits sieben Monate vor der Geburt an, für das kleine Wesen und seine Familie zu beten. Es war keine Pflichtübung, sondern ein Herzensanliegen.

Eigentlich sollte es mich nicht überrascht haben – und tat es doch: Von dem Moment an, als Sara und ich uns sahen, hatte ich eine Beziehung zu ihr. Nun ja, Sara war so neugeboren, daß sie in Wirklichkeit wohl noch niemanden gezielt ansehen konnte, sondern nur in der Gegend herumschielte. Aber ich schaute sie an und bildete mir ein, sie tue dasselbe.

Psychologen und erfahrene Mütter – zwei Menschengruppen, die sich sowieso sehr ähneln – werden jetzt lächeln. Aber weil ich sie liebhatte und gar nicht innerlich abweisend und verkrampft war, mochte mich Sara auch. Sie fing nicht wie die anderen Babys schon zu schreien an, wenn ich nur in ihre Nähe kam. Sie lächelte und wollte auf den Arm genommen werden. Von mir. Es war mir wie ein Wunder. Nein, es war ein Wunder. Oft hatte ich Sara im Arm und gab meinen Tränen freien Lauf. Aber es waren Tränen der Dankbarkeit und der Freude, weil sich die verkrampfte, bittere Starre gelöst hatte.

Vielleicht fragen Sie sich jetzt, was diese sehr persönlichen Zeilen in einem Buch über St. Pauli zu suchen haben. Aber das ist es eben. Die Menschen in St. Pauli sind nicht anders als andere Menschen auch. Sie haben wie ich Träume, Sehnsüchte, Enttäuschungen. Sie kennen das kleine Glück und den großen Schmerz. In unserer anonymen Gesellschaft benötigen wir mehr denn je Zuhörer, Mit-Fühler, Mit-Leider. Ich weiß, daß einige Leute auf der Talstraße sehr genau beobachten, wie ich mit meiner Krankheit umgehe. Sie meinen nämlich, daß es schön und gut für uns

Christen ist, an Gott zu glauben, wo alles in unserem Leben so glatt verlief. Aber für sie, die sie so viel Schweres im Leben mitgemacht haben, für sie sei es unmöglich . . . Als ich im Krankenhaus war, erzählte mein Mann auf Anfrage, wo – und weshalb – ich abgeblieben sei. Und seitdem schaut man darauf, wie wir damit umgehen.

Aus Zeiten des Schmerzes und der Verzweiflung kann man gestärkt hervorgehen, oder sie machen einen kaputt. Leider gehen viele Leute in meiner Nachbarschaft an ihrer Enttäuschung und Verbitterung zugrunde. Aber es muß nicht so bleiben.

Verzweiflung hat viele Gesichter

»Bitte, ich gebe dir gern den Vortritt. Nein, es macht mir gar nichts aus!« – Ich kann sehr zuvorkommend sein, besonders wenn es darum geht, wer von uns beiden in den Korb einer schwankenden Feuerwehrleiter hineinsteigt, um zu einem Selbstmordkandidaten emporzuschweben!

Es war der Tag des jährlichen Gemeindebasars, und wir hatten nicht vor, auszuschlafen. Aber der Telefonanruf um fünf Uhr morgens riß uns doch aus dem Schlummer hoch. Ein Heilsarmeesoldat, der bis in die frühen Morgenstunden in St. Pauli mit Heilsarmee-Zeitschriften unterwegs war, bat uns, in eine nahe Straße zu kommen, wo ein stadtbekannter Fassaden- und Kirchturmkletterer wieder einmal drohte, sich in die Tiefe zu stürzen. Mit dem Polizeipfarrer wollte er nicht reden, mit einem Psychologen erst recht nicht, aber mit jemanden von der Heilsarmee vielleicht schon. »Jemand von der Heilsarmee«, ja, das waren wir.

Meine Kollegin und ich machten uns leise murrend auf den Weg.

Bei den Feuerwehrautos angekommen, stellten wir erstaunt und ein wenig unwillig fest, daß man uns weder brauchte noch wollte. »Und wenn Sie nicht bald ein Haus weiterrücken, und der tatsächlich springt ... dann sind Sie platt!«

Arnold kam aus eigenem Antrieb von dem Baukran herunter, auf dem er sich verschanzt hatte. Wir brauchten nicht in den Korb zu klettern – und waren darüber nicht böse. »Was machen Sie jetzt mit ihm?« fragte ich einen Polizisten. »Wir lassen ihn laufen, bis zum nächsten Mal«, kam die überraschende Antwort.

Aber als Arnold uns sah, wollte er doch mit uns reden. »Kennen Sie Mülheim?« fragte er mich.

Einer Eingebung folgend, antwortete ich: »Meinen Sie die Gemeinde? Klar kenne ich sie!« »Na endlich eine vernünftige Antwort! Die Polizeifritzen da denken immer nur an ›ein nettes Städtchen an der Ruhr‹, wenn ich sie danach frage.«

Nachdem Arnolds Personalien in der Davidwache – nicht zum ersten Mal – aufgenommen worden waren, durften wir ihn zum Frühstück mit nach Hause nehmen. Es stellte sich heraus, daß seine große Liebe Mitglied einer Gemeinde des Mülheimer Verbands war. Irgendwie machte er die Gemeindeleitung dafür verantwortlich, daß sie diese Liebe nicht erwiderte, und seitdem hakte es immer wieder bei ihm aus. In solchen Momenten kletterte er dann auf das Rathausdach oder auf eine Turmspitze, um auf seinen Kummer aufmerksam zu machen.

Es wäre schön, wenn ich hier schreiben könnte, wir hätten ihn zu Jesus geführt und er hätte die Dame seines Herzens in der Gemeinde geheiratet. Es war aber nicht so. Doch er konnte sich wenigstens einmal freireden, ohne daß von der Ruhr die Rede war. Und es dauerte viele Monate, bis wir in der Zeitung das nächste Mal lasen, daß Arnold wieder mal einen »Drang nach Höherem« verspürt hatte.

Sehr selten kann man irgend jemandem in tiefster Verzweiflung tatkräftig helfen. Aber oft wird man gebraucht, ein Steinchen an das andere zu fügen, in dem Mosaik der umfassenden Hilfe, die Gott für verzweifelte Menschen vorbereitet. Paulus schreibt im 1. Korintherbrief: »Es zählt also nicht, wer pflanzt oder wer begießt; es kommt alles auf Gott an, der es wachsen läßt.«

Der Emailleofen

Nach einer gescheiterten Ehe war sie nach Hamburg zurückgekehrt. Sie hatte keine christliche Kinderstube gehabt, aber während sie in einer anderen Stadt wohnte, war die Mutter zum Glauben an Jesus Christus gekommen und hatte durch einen auf dem Rummelplatz gekauften »Kriegsruf« die Heilsarmee entdeckt. Nun lud die Mutter immer wieder ihre Tochter zur Heilsarmee ein. Zur Frauenstunde, ja, da könne sie mal hinkommen.

Ob das das Richtige für Barbara war? Ich lud Barbara zum Jugendclub ein, in dem zu der Zeit eine derart dichte geistliche Atmosphäre spürbar war, wie ich sie selten erlebt hatte.

»Ach nein, dafür bin ich schon zu alt. Und ich bin geschieden und hab ein Kind ... Nein, das ist nichts für mich.«

Wir waren anderer Meinung. Und da ihre Mutter von ihren kunstgewerblichen Fähigkeiten schwärmte, kam mir eine Idee. »Barbara – ich möchte mir bald einen Emailleofen anschaffen, um im Jugendclub zu emaillieren, hab' aber keine Ahnung, wie man so etwas macht. Könnten Sie vielleicht ein paarmal vorbeikommen und uns das zeigen ...?« Ein Emailleofen wiegt zwar geringfügig mehr als ein Wurm, war aber als Köder genauso brauchbar.

Kurz und gut, Barbara schloß sich der Gruppe an. Bald darauf fuhren wir zum Heilsarmee-Jugendtag. Das Wochenende fand in Krelingen statt und wurde zum geistlichen Geburtsort mancher jungen Hamburger. Auch für Barbara. Eigentlich hatte ich es nicht so schnell erwartet. In ihrer Familie gab es eine lange Tradition des Okkulten, und ich rechnete damit, daß es erheblich länger dauern würde, bis Barbara »reif« sein würde.

Sie sprach mich nach der Versammlung am Sonntagvormittag an und bat mich, nach dem Mittagessen mit ihr zu beten. Daraufhin ließ ich das Mittagessen Mittagessen sein und ging in mein Zimmer, um mich innerlich auf das Treffen zweier Welten vorzubereiten. Denn das war es auch: die Welt Satans und die Welt Gottes, die aufeinanderprallten und um eine Menschenseele kämpften. Ich möchte hier nicht weiter auf das Okkulte eingehen; Satan ist es nicht wert, daß man ihm soviel Aufmerksamkeit zuteil werden läßt. Es sei genug, wenn ich sage, daß man da echte Verzweiflung, finsterste Ausweglosigkeit und Terror erleben kann.

Da saßen wir nun am Ufer eines Teichs an einem sonnigen Frühlingssonntagnachmittag. Die Vögel sangen, die Knospen platzten fast hörbar vor Lebensfreude und Vergnügen, das Wasser plätscherte. Weit entfernt spielten Jugendliche Fußball oder übten ein Lied ein. Und sie bereitete sich vor, dem Teufel zu sagen, daß sie mit ihm nichts mehr zu tun haben wollte. Es war eine unwirkliche Situation.

Wir beteten. Ich hatte die Augen geschlossen und sah darum nicht, warum Barbara ins Stocken gekommen war. Sie erzählte es mir ein paar Tage später, als sie beim Bibellesen im Buch der Offenbarung (warum fangen die Menschen so oft mit dem Schwierigsten an!?) plötzlich drei Frösche entdeckte. »Du, ich habe gerade in der Bibel gelesen und – ich habe meine drei Frösche gefunden!«

»Bitte? Frösche? Was für Frösche denn?«

»Tja ... weißt du noch, am Sonntag, als wir miteinander gebetet haben?«

»Ja, nachdem ich dich aufgefordert hatte, Satan direkt zu sagen, daß du mit ihm nichts mehr zu tun haben willst – aber, ehrlich gesagt, ich habe mich nicht gewundert, daß du dich erst überwinden mußtest. Satan verliert nicht gern ein Opfer.«

»Du weißt nicht, wie wahr das ist! Also, ich hatte mich gerade dazu aufgerafft, die Worte auszusprechen, da tauchten plötzlich drei dunkle Frösche auf, na eigentlich mehr Kröten. Da war so ein kleiner Felsen im Wasser in der Nähe unserer Bank. Und da hockten die Frösche und starrten mich an. Bewegungslos. Ich ... konnte fast an nichts anderes mehr denken, so haben sie mich hypnotisiert. Und sprechen konnte ich erst recht nicht. Deswegen war ich so lange stumm.«

»Und dann? Du hast doch die Kurve gekriegt ...«

»Ich wußte mir nicht mehr zu helfen, da habe ich in meiner Verzweiflung: ›Hilf mir, Jesus‹ gesagt. Die Frösche verschwanden ins Wasser. Und ich konnte Satan absagen.«

»Aber – warum hast du mir nichts davon erzählt?«

»Ich dachte, du lachst mich aus, wenn ich mich von Kröten in so einem Moment stören lasse.«

»Aber jetzt hast du es mir doch erzählt?«

»Weil mir gerade auffiel: Die Frösche in der Bibel werden Teufelsgeister genannt. Und ... und ich glaube, die am Sonntag waren vielleicht auch solche ...«

Durch Barbara sind schon etliche junge Mädchen Christen geworden. Satan verliert nicht gern, und er hat es verstanden, Barbaras Leben schwer zu machen. Aber sie hält Kurs. Denn an dem strahlenden Frühlingssonntag entschied sie sich für die Straße des Siegers – für Christus.

Heißer Kaffee gegen die Verzweiflung

Ich bin als Engländerin leidenschaftliche Kaffeetrinkerin, was für manche Deutsche eine Überraschung ist. Aber wenn Sie jemals in England Kaffee getrunken hätten, wüßten Sie, warum die Briten soviel Tee trinken!

Engländer neigen dazu, in allen Lebenslagen und konfrontiert mit Katastrophen sämtlicher Macharten zunächst einmal eine Tasse Tee als Erste Hilfe anzubieten. Die Heilsarmee in Großbritannien ist dafür bekannt, daß bei Zugunglücken, Großbränden, Überschwemmungen ihre Kantinenwagen ausschwärmen und Rettungspersonal wie Betroffene mit heißem Tee und Broten versorgen.

Der Geschmack des Getränks tut dabei nichts zur Sache, denke ich. Es ist vielmehr das Wissen, daß jemand da ist, jemand, dem man nichts erklären muß, kein Beamter oder Journalist, sondern ein mitfühlendes Gegenüber, das mit einem Getränkebecher bewaffnet bereit ist, mit mir gegen die Verzweiflung anzugehen.

In Hamburg haben wir die überraschende Entdeckung gemacht, daß auch in der technologisch bestens ausgerüsteten Bundesrepublik die Heilsarmee-Kaffeetherme eine kleine Waffe im Kampf gegen die Verzweiflung ist.

Ich weiß, daß die Heilsarmee in vielen Ländern gut ausgerüstet zu solchen Katastropheneinsätzen startet. Oft sind es Staaten, wo die Soldaten Gottes als einzige nicht nur eine unbürokratisch zupackende Hand, sondern auch eine Schulter zum Ausweinen bieten. Aber in Deutschland, dachte ich immer, in Deutschland ist so ein Dienst der Heilsarmee überflüssig. Hier gibt es das Technische Hilfswerk und organisiertes Rettungswesen und ... Da braucht's meinen Kaffeebecher nicht!

Nein, die Heilsarmee braucht's nicht. Sie wäre viel zu klein. Aber was man ganz gewiß in der reichen Bundesrepublik braucht, sind Christen, die sich kümmern. Überall. Psychologen und Therapeuten kümmern sich um die Familienangehörigen von Katastrophenopfern. Aber der Tod eines geliebten Lebenspartners, Kindes oder Freundes ist auch in der Einzahl ein traumatischer Einschnitt im Leben jedes Trauernden. Ich wünschte mir, wir Christen würden Scheu, Gleichgültigkeit und Bequemlichkeit überwinden, um einzelnen in ihrer Verzweiflung zu begegnen.

Wobei ich nicht verschweigen will, daß wir in der Heilsarmee einen großen Vorteil haben: unsere Uniform. Uniformtragen ist aus sicher nicht ganz von der Hand zu weisenden Gründen eine problematische Sache. Polizei und Feuerwehr haben Uniformpflicht; bei den Bediensteten der Post wird es schon schwieriger, die Zugehörigkeit zur großen Gelben festzustellen. Beim Karnevalsverein wirbelt das Funken-Mariechen über die Bühne in ihrem kurzen Soldatenröckchen, und keiner nimmt Anstoß an der zumindest zweifelhaften Verbindung von Karneval und Krieg. Aber Uniform und Ideologie? Nein danke. Da gehen bei den Deutschen die roten Alarmlichter an; das hatten wir schon mal und brauchen's nicht mehr.

Es ist für einen jungen Deutschen nicht immer einfach, eine Heilsarmeeuniform anzuziehen und sich dazu zu bekennen. Manchmal geschieht es einfach, weil »es bei uns nun mal so ist«. Ich erinnere mich noch genau an den Dienstagabend, wo es einigen unserer jungen Männer aufging, daß die Uniform auch ihre Vorteile hat.

Wir waren mitten im Jugendclub; die verschiedenen Interessengruppen hatten sich gerade in ihre Gruppenräume zurückgezogen. Da erschien ein aufgeregter Heilsarmeesoldat. Er hatte seinen Sohn ausnahmsweise mit dem Auto zum Jugendclub nach St. Pauli gebracht und unterwegs bemerkt, daß im Hafen »was los« war. Auch Christen sind gegen Neugier nicht immun, und so hatte sich unser Bruder an die äußerste Polizeisperre herangepirscht und sich erkundigt, weshalb Hubschrauber, Suchscheinwerfer, Martinshörner und der ganze Apparat des Großeinsatzes aufgefahren waren.

Und weil er wußte, daß die Heilsarmee, zumindest im Ausland, für solche Eventualitäten ausgerüstet ist, meinte er, als er seinen Sohn bei uns vorbeibrachte: »Du, da müßt ihr was machen! Im Hafen sollen zwei Schiffe zusammengestoßen sein oder was ... Der ganze Hafen ist voll Polizei und Feuerwehr!« Weg war er.

Wir waren ratlos. Ein Blick aus den Fenstern genügte, um zu bestätigen, daß wohl »irgend etwas los« sei. Aber sollte die kleine Heilsarmee sich da einmischen? Reichte es nicht, wenn wir in der Jugendclub-Andacht ein Gebet sprachen, für die, die da unten im Hafen im Einsatz waren?

Zögernd begannen die Jugendlichen mit ihren Interessengruppen. Aber wir hatten keine Ruhe zum Kochen, Basteln, Tischtennisspielen. Kurz entschlossen suchte ich einige junge Heilssoldaten aus, die in der Nähe wohnten und ihre Uniformen schnell holen konnten, zumindest die äußere Schale. Unsere Kücheneinrichtung damals war ziemlich primitiv, und es dauerte fast eine Stunde, bis wir die Kaffeetherme mit 25 Litern Kaffee gefüllt hatten. Wir schnappten Wegwerfbecher und ein paar Dosen Schokoladenplätzchen, zogen die dunkelblauen Mäntel über die bunten Jugendclubklamotten und stülpten die Hüte auf. Dann ging es mit dem Korpsbus ab zum Hafen. Wir hatten kaum Zeit gehabt, nachzudenken, ob wir etwas Verbotenes oder zumindest Unangebrachtes taten.

Aber unser Tatendrang (und der VW-Bus) fanden einen abrupten Halt: Die Straße zum Hafen war von einem Polizeiauto gesperrt. Neugierige Hamburger, die im Radio gehört hatten, daß eine vollbesetzte Barkasse im Hafen gesunken sei, wurden zurückgeschickt. Nur wenn der Autofahrer einen Presseausweis vorzeigen konnte, durfte er weiterfahren. Wir hatten etwas Besseres als Presseausweise, wir hatten unsere Heilsarmeehüte! An der Polizeisperre kurbelte unser Fahrer das Fenster herunter. »'N Abend. Hier ist die Heilsarmee und bringt Kaffee!« »Auch gut« meinte der Polizist und winkte uns durch.

Wir fanden uns am Einsatzort ein und meldeten uns beim Einsatzleiter. Er war ziemlich verblüfft, uns zu sehen, und meinte, daß wir uns die Mühe hätten sparen können, da der Verpflegungswagen der Feuerwehr jeden Augenblick erwartet würde . . . Aber erst mal sollten wir unseren Bus da drüben abstellen und warten.

Wir warteten. Aber es kam kein Verpflegungswagen. (Wie wir später erfuhren, wurde der Wagen durch eine Panne erst viel zu spät angefordert. Er kam zwei Stunden nach uns.) Da machten wir uns in der Dunkelheit selbst auf die Suche nach Menschen, die aussahen, als hätten sie einen Becher heißen Kaffee und ein Schokoplätzchen nötig.

Polizeibeamte an den äußeren Absperrungen waren die ersten dankbaren Kunden. Sie wären sowieso nicht in den Genuß des Verpflegungswagens gekommen. Wir füllten unsere kleinen Thermoskannen aus der großen Therme und machten uns auf den Weg zum Wasser, da, wo die Bahren schon gestapelt waren, um die Leichen aufzunehmen. Journalisten, Rundfunk- und Fernsehreporter wurden an dieser letzten Absperrung zurückgewiesen. Wir nicht. Wir verteilten unseren Kaffee an die Froschmänner, an die frierende Besatzung von Dinghis und kleinen Booten.

Der Großraumwagen der Feuerwehr war unser eigentliches Ziel. Denn da saßen, Stunde um Stunde wartend und hoffend, die Angehörigen der Vermißten. Wir konnten nicht viel für sie tun. Ein Händedruck, ein Becher Kaffee, ein paar Worte, ein mitfühlendes Zuhören – was ist das schon? Nicht viel – aber besser als nichts! Als ich zufällig sah, wie der Fotograf einer großen Boulevardzeitung sich an einen nahen Verwandten des verunglückten Barkassenkapitäns heranmachte, rastete ich aus. Er trat den Rückzug an; wenigstens da konnte ich konkret eine kleine Hilfe sein.

Weder bei diesem Unglück noch bei anderen ähnlichen Einsätzen bei großen Bränden in unserem »Einzugsgebiet« konnten wir evangelisieren oder mit Menschen beten. Manche Frommen würden vielleicht den Sinn der Tätigkeit bezweifeln, weil nicht gepredigt wurde. Aber wenn Jesus Christus sagt, daß ein Becher kaltes Wasser, in seinem Namen ausgeschenkt, viel wert ist – gilt das nicht erst recht für eine Tasse heißen Kaffee?

Einen Menschen begleiten

Verzweiflung hat viele Gesichter. Eins davon ist der Abscheu vor sich selbst.

Das – und die Angst – war die treibende Kraft hinter dem Ersuchen eines Herrn, der eines Tages meinen Mann um Hilfe bat. Ich bekam von alledem nichts mit, nur daß Rudolf mir eher beiläufig sagte: »Ich geh' mit jemandem zur Davidwache rüber.« Aber später – als in den Zeitungen der Prozeßbericht erschien –, sagte mein Mann mir, daß er in dieser Sache unterwegs gewesen war.

Der Mann kam aus einer deutschen Großstadt. Dort hatte er ein kleines Mädchen vergewaltigt und sie dabei mit einer Schere am Unterleib verletzt. Die Wunde an Körper und Seele war jetzt vernarbt. Die Polizei suchte den Täter, aber sie hatte keine Anhaltspunkte und kam nicht weiter.

Doch der Mann fand keine Ruhe. War es Abscheu vor sich selber? War es Angst vor Entdeckung? Ich weiß es nicht. Aber bald konnte er – wo immer er sich auch aufhielt – keinen Polizisten sehen, ohne in ihm seinen Häscher zu erblicken. Er war am Ende seiner Kraft und klingelte bei der Heilsarmee.

Ich kenne keine Einzelheiten des Gesprächs, habe meinen Mann auch nicht danach gefragt. Wir halten das Seelsorgegeheimnis auch voreinander. Ich weiß nur, daß der Vergewaltiger sich der Polizei stellte und dazu den Beistand meines Mannes brauchte.

Die alten Bewohner

Als seine Frau starb, zerbrach irgend etwas in dem Mann. Er hatte Familie, hatte seine gute Rente – was war es, das ihn in die finsteren Kaschemmen von St. Pauli zog? Warum verkam er zunehmend, wurde wirr und verbittert, bis schließlich sogar die Kinder mit ihm den Kontakt abbrachen? Schließlich war der Heilsarmeesoldat, der Woche für Woche seine Zeitschriften auch dahintrug, wo er kaum mit großen Spenden rechnen konnte, einer der wenigen, der noch mit ihm sprach. Und als er starb, fragten seine Trinkkumpane den Heilsarmeemann, ob die Heilsarmee ihn nicht beerdigen könne. Sie würden alle kommen, schließlich hatten sie doch manche schöne Stunde miteinander verbracht.

Die Bestattung hat mein Mann ausgeführt. Nur – die Zechgenossen kamen nicht. Gekommen ist als einzige Trauernde – nach langem Zögern – die Tochter. Ein Prediger, eine Hinterbliebene, eine Leiche in der großen Friedhofskapelle. Mancher stirbt einsam.

Und viele leben einsam. Gerade in St. Pauli leben viele

alte Leute allein. Ihre Kinder sind ausgezogen und leben in einer Neubausiedlung oder im schmucken Eigenheim. Aber die Alten haben oft weder die Mittel noch den Wunsch, aus der vertrauten Umgebung wegzuziehen. Sie würden den Anblick der Kranspitzen im Hafen vermissen, das »Tut-Tut« bei Nebel und den kleinen »Klönschnack« mit der langjährigen Nachbarin. Zäh halten sie fest an ihrem Viertel – und müssen zusehen, wie es sich mehr und mehr verändert. – Bis in die sechziger Jahre hatte unsere Straße, die Talstraße, den Spitznamen »die Mönckebergstraße von St. Pauli«, weil es hier eine Vielzahl von Einkaufsmöglichkeiten gab. Jahrzehntelang hatten die Hafenarbeiter sich auf dem Fußweg von ihren Wohnungen in Altona und St. Pauli zum Elbtunnel oder zu den Fähren in den zahlreichen Läden mit »Fofftein« (Pausenbrot) versorgt. Hier kauften die Ehefrauen am Nachmittag für die Familie ein und nahmen dann gleich ihren Gatten samt Lohntüte in Verwahrung.

Die Neustrukturierung des Hamburger Hafens in den sechziger Jahren machte Schluß mit den Tausenden von blaugekleideten Arbeitern, die vor und nach der Schicht die Straßen St. Paulis bevölkerten. Wer jetzt im Hafen arbeitete, war Spezialist – und fuhr mit dem Auto zur Arbeit. Die kleinen Läden machten pleite, als Nachfolger zogen Sex-Shops, Porno-Kinos, Peep-Shows und Spielhallen ein. Der »Kiez« war nicht mehr begrenzt auf Reeperbahn, Herbertstraße und Große Freiheit, sondern hatte ein ganzes Stadtviertel in seinem Griff.

Glücklicherweise beginnt sich das Bild zu wandeln; »normale« Geschäfte werden wieder eröffnet, und Live-Musik-Kneipen und Restaurants florieren statt Peep-Shows und Prostituiertenausstattern.

Keiner ist darüber glücklicher als die Alten, die ein ganzes Leben lang hier ausgehalten haben. Einzelne kommen zu uns in den Seniorenkreis. Sie sind manchmal ein wenig eigen; die Umgebung färbt doch manchmal ein bißchen ab. Willkommen sind sie uns trotzdem.

Ich werde nie vergessen, wie eine Frau – kein Heilsarmeemitglied, aber treue Versammlungsbesucherin – zum ersten Mal in der Freiversammlung auf der Reeperbahn sprach. Sie erzählte etwas schüchtern, daß sie Gott so dankbar sei, die Heilsarmee kennengelernt zu haben, denn dadurch hätte sie Gott kennengelernt und viele neue Freunde gewonnen. Höhepunkte der Woche seien für sie immer dann, wenn in der Heilsarmee etwas los sei.

Uns war das Lob in der Öffentlichkeit fast schon peinlich, aber sie ließ sich das Mikrophon nicht wegnehmen. Um das einmal öffentlich zu sagen, sei sie auf die Reeperbahn mitgekommen und habe so zum ersten Mal vor Publikum geredet – mit 83 Jahren!

Baptistentorte und Gnadauer Streuselkuchen

Der barmherzige Samariter in der Geschichte, die Jesus erzählte, steht in starkem Kontrast zu den beiden vorbeieilenden Herrn im frommen Gewand. Glücklicherweise würde man heutzutage die Barmherzigkeit häufig gerade in den christlichen Kreisen finden. Zumindest in St. Pauli trifft das zu. Es ist eigentlich erstaunlich, wie sich unter dem Schirm der Heilsarmee Christen aus verschiedensten Kirchen treffen, um gemeinsam am Rand der Gesellschaft Dienst zu tun. Scheinbar ist die Heilsarmee weniger belastet von den Irrungen und Wirrungen der Kirchengeschichte. Da sie selber keine Sakramente spendet, kann ihr das Tauf- und Abendmahlsverständnis ihrer Geschwister aus anderen »Schafpferchen« nicht den Schlaf rauben. Die Heilsarmee hat fröhliche Gemeinschaft mit allen, die Jesus lieben – und mit uns Gemeinschaft haben wollen!

Es war ein schönes Bild bei einem der jährlichen Straßenfeste auf der Talstraße: Wir hatten alle unsere Freunde um Kuchenspenden für das Straßencafé gebeten, und viele, viele hatten gebacken. Da waren Methodistenkuchen, Baptistentorten, Gnadauer Streuselkuchen und Gemeinschaftsproduktionen. Die katholischen Nonnen von St. Josef an der Großen Freiheit hatten mitgemacht, auch die Frau des Pfingstgemeindepastors lieferte ihren Obolus in Form von Hefeteig ab. Mir war die Aufgabe zugefallen, soviel Kuchen wie möglich zusammenzutrommeln, denn wir erwarteten sechs- oder siebentausend Besucher.

Nun hatte ich fast als einzige eine Ahnung (von Überblick kann man in solchen Situationen nicht sprechen, wie jeder verstehen wird, der schon mal ein Straßenfest organisiert hat!), welcher Kuchen aus welcher theologischen Ecke gekommen war. Ich mußte schmunzeln, wenn der strenge Lutheraner sich für eine Nonnennußecke entschied, oder der Bruder der Freien evangelischen Gemeinde die Kunst einer charismatischen Köchin lobte . . .!

Es sind aber nicht nur die Frommen, die uns mit dem Inhalt ihres Kleiderschrankes helfen oder mit Unmengen von Äpfeln für einen Vitaminstoß in der Coffee Bar sorgen. Es sind Gruppen, Einzelpersonen, Vereine aus Hamburg und darüber hinaus, denen immer wieder »Die Heilsarmee!« einfällt, wenn es um die Weitergabe ihres eigenen Überflusses geht. Ein paarmal konnten wir nichts besseres mit den Sachen tun, als sie sofort wegzuwerfen. Aber in der Regel meinen die Leute es gut und freuen sich sicherlich darüber, daß von dem, was sie beim Geburtstags-Empfang nicht mehr essen konnten, andere am nächsten Tag satt werden.

Nur: dadurch wird unser Speisezettel manchmal ein wenig . . . sonderbar. Ich erinnere mich an ein Jahr, in dem das Missionsteam von einem Party-Service täglich alles abholen durfte, was übrig geblieben war. Wo sonst in der Kleiderausgabe Leberwurstbrot den schlimmsten Hunger stillte, taten es jetzt Roastbeefschnittchen und Briebrötchen. Eine Zeitlang hatten wir die kulinarisch verwöhntesten Nichtseßhaften Deutschlands! Aber dann ging leider das Unternehmen pleite – es blieb wirklich sehr viel übrig –, und die Berber waren nicht mal unglücklich darüber. Jeden Tag roher Schinken und Kaviar schmeckt irgendwann auch nicht mehr ...

Doch Jahwe jireh, Gott unser Versorger, hat viele Möglichkeiten. Was holen Sie von Ihrer Bank? Geld, wahrscheinlich. Ich hebe Eintopf von unserer Bank ab. Und das kam so: Ein Mann kaufte an der Mönckebergstraße von uns einen »Kriegsruf«. Ich weiß nicht, ob er eigentlich die Heilsarmee-Zeitschrift erwerben wollte; auf jeden Fall gab er meinem Mann irgend etwas in seine Spendenbüchse und bekam selbstverständlich den »Kriegsruf« mit. Die Laune des Mannes war nicht so glänzend. Er war Leiter des Kasinos einer großen Bank in der Hamburger Innenstadt. Jeden Tag hatte seine Mannschaft für 1200 hungrige Mägen zu sorgen, und dazu boten sie täglich zwei Gerichte an. Zwar wußte der Küchencomputer ziemlich genau, wieviel Portionen Braten, Eisbein oder Kotelett gebraucht wurden. Aber auch der beste Küchenchef kann nicht im voraus Wetterumschwung oder andere Appetitveränderer prophezeien, und so blieb manches übrig. Für überzählige Schnitzel fand sich immer eine Verwendung, für übriggebliebene Eintöpfe aber nur der Abfluß. Das war frustrierend. So bot der Kasinoleiter einem Bekannten, Küchenchef einer großen diakonischen Anstalt, seine Suppe an – und wurde ausgelacht.

Nun verstehe ich zwar, daß die Großküche, die täglich für tausend Menschen zu sorgen hat und dabei alle möglichen Diätpläne befolgen muß, ganz anders plant, einkauft und auch kocht wie unsereins. Für sie wären sechzig Liter Steckrübeneintopf ein Tropfen auf einem heißen Stein. Aber trotzdem, für unseren Bankküchenchef, der gehofft hatte, mit seinem Überfluß ein gutes Werk zu tun, kam die Ablehnung hart. »Und da reden die davon, daß es manchen Leuten schlecht geht!« dachte er. »Ich biete das Essen noch einer Organisation an; wenn die es auch nicht nehmen wollen – dann spende ich nie wieder etwas für hungrige Leute!« Sprach's – und griff noch im Bus nach dem gedankenlos in die Tasche gestopften »Kriegsruf«. »Also gut, versuch ich's halt mal bei der Heilsarmee.«

Wir nehmen grundsätzlich erst einmal alles an. Manches, was man uns andreht, ist wirklich »hart an der Grenze«. Aber das kann man von unserer »Suppenbank« nicht behaupten. Inzwischen haben wir große Tiefkühltruhen angeschafft, die dafür sorgen, daß die Kühlkette der in der Großküche eingefrorenen Lebensmitteleimer nicht unterbrochen wird.

Was können wir nicht alles mit den Eintöpfen anfangen: Es reicht von Essenverteilen bei der Kleiderausgabe an mittellose Männer bis zum Suppenausschank bei der Grenzöffnung im November 1989. Die Mitglieder des Seniorenkreises freuen sich sehr, wenn sie im Winter nach ihrem Nachmittag ein Eintopfessen kredenzt bekommen. Viele der älteren Leute ernähren sich recht einseitig und stürzen sich mit Vergnügen auf einen richtig altmodischen Eintopf aus dem großen Kessel. Aber nicht das kostenlose Essen ist es, das sie strahlen läßt, sondern ganz einfach, daß in Gemeinschaft jedes Essen besser schmeckt. Beim Straßenfest, bei den Basaren muß man für den Eintopf bezahlen. Aber 99 Pfennige ist nicht viel Geld.

Ja, die Bank ist schon eine barmherzige Samariterin – oder zumindest die Küchenmannschaft, die sich offensichtlich freut, wenn ihr übriges Essen andere sattmacht.

Andere Versorgungslinien

Einmal kam ein jüngerer Mann nach der Versammlung am Sonntagmorgen in den Saal hinein. Er schnappte sich den nächstbesten Uniformierten und trug sein Anliegen vor. Er war Geschäftsführer einer Großbäckerei, die täglich viele tausend Berliner Pfannkuchen und anderes Fettgebackenes an die Supermarktketten lieferte. An dem Wochenende war einer seiner Auslieferer mit dem Lastwagen durch Glatteis in einen Unfall verwickelt worden. Es war nicht viel passiert, aber die Ware konnte nicht termingerecht ausgeliefert werden und wurde vom Geschäft nicht abgenommen. Was tun mit dreitausend Berlinern?

Nun hatte der Geschäftsmann in seiner Jugend oft genug den Beatles auf der Reeperbahn zugehört und wußte, daß die Heilsarmee irgendwo in dieser Gegend zu Hause sein mußte. Deshalb kam er mit einem Kleinlaster in die Talstraße gefahren. »Du, Christine«, fragte mich der angesprochene Heilssoldat etwas ratlos, »können wir tausend Berliner gebrauchen?« Ich war in Gedanken noch in der gerade zu Ende gegangenen Versammlung und wußte zunächst nicht, ob es sich um zweibeinige Berliner oder die eßbare Variante handelte. Da mir aber nichts von einer Massenflucht aus Berlin bekanntgeworden war, nahm ich an, es handele sich um die zweite Sorte und sagte – natürlich: »Her damit!« Die restlichen Versammlungsbesucher bildeten eine Kette von unserem Saal bis zu dem irgendwo auf der Talstraße geparkten LKW, und wir luden Berliner ab.

Als wir sie alle im Saal hatten, machte sich eine gewisse Ratlosigkeit breit. Was sollten wir nun mit dem ganzen klebrigen, schnell verderblichen Segen anfangen? »Erst mal auf Tauglichkeit probieren!« schlug ein junger Mann vor. So aßen wir Berliner, bis wir fast platzten. Wir konnten 150 für die Kaffeestunde – ein Sonntagnachmittags-Kaffeetrinken für Randgruppen, ein Stockwerk höher – bereitlegen. Und dann?

»Einfrieren!« sagte die Seniorenclubleiterin.

»Einfrieren? Mitsamt Zuckerguß?« Ich war skeptisch.

Aber lassen Sie es sich sagen: Wenn Sie jemals eine Berlinerschwemme erleben sollten – es geht prima. Zehn Minuten in einen nicht sehr heißen Ofen geschoben und ... auf alle Fälle ließ allein schon der Geruch der aufgebackenen Berliner – warm, süß und klebrig – monatelang den Besuchern der Kaffeestunde und der Coffee Bar das Wasser im Mund zusammenlaufen!

Die Firma hat danach einige Male an uns gedacht, wenn irgendwelcher Überschuß entstand: Silvester 1989 waren bei Geschäftsschluß noch tausende und abertausende Berliner übrig. Anrufe bei verschiedenen karitativen Einrichtungen wurden nicht abgenommen – auch die hauptamtlichen Samariter gehen an den Feiertagen früher nach Hause. Aber bei uns erreichten sie jemanden.

Das ist das Praktische daran, daß die Heilsarmeeoffiziere – in Deutschland zumindest – an ihren Einsatzorten wohnen. Wir sind auch nach Feierabend erreichbar. Und so durfte ich in die Firma fahren und mein Auto bis in den letzten Winkel mit Berlinern vollstopfen. Ganz benommen von den Jahrmarktgerüchen kam ich zu Hause an.

Aber dann begann erst der Rummel so richtig. Denn ich hatte fünftausend Berliner gebunkert, und sie sollten den Neujahrsmorgen nicht überleben!

Zwischen der Jahresschlußversammlung, der Gebetsstunde um Mitternacht und auch danach gingen wir an »unsere Ecke« Reeperbahn/Talstraße mit großen Kaffeethermen und Tausenden von Berlinern. Die Reeperbahn war voll mit Schaulustigen für das Feuerwerk am Hafen, St. Pauli-Bummlern und mit vielen, vielen neugierigen DDR-Bürgern, die den ersten Tag des Jahres 1990 in Hamburg erleben wollten. Damals mußten die hundert D-Mark Begrüßungsgeld für ein ganzes Jahr reichen, und die Bürger von »drüben« waren froh, sich an einem Gratiskaffee aufwärmen zu können. Die »Suppenbank« hatte einige Kisten Bananen übriggehabt; die durften wir auch verteilen.

Man kann natürlich nach der evangelistischen Zielsetzung, nach dem Erfolg auf der nach oben offenen »Bekehrungsskala« fragen oder solche Aktionen als Public relation für die Heilsarmee abtun. Aber ich denke, es ist mehr. Die Angelsachsen reden in einem solchen Fall von »Vor-Evangelisation«. Brücken bauen, Vorurteile wegfegen, Gesprächsbereitschaft signalisieren, Zeichen setzen ... das gehört dazu. Wenn irgendwo in einem fernen Städtchen eines Tages ein Mann doch noch die Einladung seines Nachbarn zur Zeltmission annimmt, vielleicht deshalb, »weil die Frommen auch mal 'nen Spaß vertragen und mir auf der Reeperbahn Silvester 'nen Berliner ganz umsonst gegeben haben!«

Nur ein kleiner Knall

Soviel zu den heimlichen Heilsarmee-Versorgungslinien. Es gibt natürlich ganz andere, sogar höchst offizielle Samariter auf St. Pauli. Die Davidwache, zum Beispiel.

An die Davidwache bloß zu denken, treibt mir die Schamröte ins Gesicht. Da habe ich mich einmal ganz dumm benommen.

Während der ersten Tage in Hamburg fand ich in unserer Dienstwohnung eine kleine Pistole in einem Schränkchen. Ich hatte keine Ahnung, woher sie kam. Zunächst hielt ich sie für ein Spielzeug – ich bin zugegebenermaßen reichlich naiv in solchen Dingen. Aber mein spielerischer Zug am Drücker ließ mich jäh zusammenfahren; es gab einen ohrenbetäubenden Knall, und ich erwartete jede Minute das unangemeldete Erscheinen der GSG 9 in meinem Wohnzimmer. Doch alles blieb still, und ich lernte, daß St. Pauli sich nicht wegen eines kleinen Knalls aufregt.

Ich tat die Schreckschußpistole zu meinen Theaterrequisiten und vergaß sie. Nach ein paar Jahren las ich in der Zeitung, daß das Waffengesetz geändert werden sollte, und manche bisher frei verkäufliche Artikel jetzt waffenscheinpflichtig seien. Ich war verunsichert, wollte nichts Unrechtes tun oder besitzen. Mein Mann war bei der Polizei, bevor er Heilsarmeeoffizier wurde. Er entlud das kleine Ding, damit es nicht mehr knallen konnte, und meinte, damit sei das Nötige getan.

Wochen später wurde meine Brieftasche gestohlen. Um den Verlust meines Führerscheins usw. anzumelden, mußte ich zur Davidwache. Im letzten Augenblick steckte ich die Schreckschußpistole ein. »Die Beamten können mir sicher raten, ob ich sie behalten darf«, dachte ich.

Auf der Polizeiwache erledigte ich den Papierkrieg, den so ein Diebstahl mit sich bringt. Dann kramte ich in meiner

Handtasche. »Ach, was ich noch fragen wollte ...«, und zog die Pistole. Große Äktschen, wie es in Neudeutsch heißt. Ich möchte nicht ins Detail gehen; es reicht vielleicht aus, wenn ich sage, daß ein Polizeibeamter dieser Wache vor vielen Jahren just in jenem Raum erschossen wurde von einem, der »einfach so« eine Pistole zog. Die Beamten reagierten sofort ...

»Für Christines Katastrophenschrank«

Die Reeperbahn hat Kirchen am Anfang und am Ende. Auf der Altonaer Seite sind die katholische Kirche und die Heilsarmee, auf der anderen die anglikanische Kirche von St. Thomas à Becket. Früher war auch die Freie evangelische Gemeinde am Holstenwall recht nahe an der Reeperbahn; ihr Neubau ist jetzt in die Nähe des ehrwürdigen Michels gerückt.

Mit der englischen Kirche verbindet uns nicht nur die Tatsache, daß wir an verschiedenen Enden ein und derselben Straße leben. Die Heilsarmee ist aus der Methodistenkirche entstanden, die Methodisten aus der anglikanischen Kirche. So ist die Kirche von St. Thomas à Becket sozusagen die Oma der Heilsarmee in der Talstraße. Und wie jede gute Oma hat sie ab und zu ein Zuckerl für uns übrig.

Erntedankfest, zum Beispiel. In allen englischen Kirchen ist es eine gute Gewohnheit, daß die Kinder am Erntesonntag festlich dekorierte Körbe und Päckchen zum Altar bringen. Die Gaben werden anschließend meistens an die Armen und Alten der Gemeinde verteilt. Aber die englische Gemeinde in Hamburg besteht zum großen Teil aus Geschäftsleuten; Arme und Alte sind dünn gesät in ihren Reihen. Und doch sollten die englischen Kinder in der Tradition ihres Landes unterwiesen werden, sollten die Bräuche nicht vergessen. Wohin also mit Kartoffeln und Karotten, Trauben und Teebeuteln?

Dieses Problem zu lösen war keine schwere Aufgabe für uns. Die englischen Damen waren entzückt, eine so schnelle und praktische Lösung für ihren Erntedank-Geschenküberschuß zu finden. Gleich nach Beendigung des Gottesdienstes fielen wir nämlich wie die Heuschrecken über die Kirche her und schleppten alles ab, was nicht niet- und nagelfest war. Die Dekoration, teils eß–, teils anschaubar, die Blumengestecke und natürlich die Gaben der Kinder.

Inzwischen geht man mit der Zeit und gibt den Kindern weniger erntefrisches Gemüse mit in den Korb, sondern mehr Dosen, Fertiggerichte, haltbare Grundnahrungsmittel. Denn die Gemeinde weiß, daß wir die haltbaren Lebensmittel in »Christines Katastrophenschrank« lagern wollen. Relativ häufig kommt es vor, daß jemand zu einer Zeit an der Tür klingelt, wo keine Behörde mehr erreichbar ist. Wenn wir dann hören, daß die Sozialhilfe gestohlen worden ist, die Brieftasche verschwunden oder – was wahrscheinlich eher der Wahrheit entspricht – das Geld vor dem Monatsende ausgegeben ist, dann ist es wichtig, daß wir einen guten Lebensmittelvorrat haben. Geld geben wir in den seltensten Fällen. Aber eine Tüte mit Dosen und Fertiggerichten, damit man übers Wochenende nicht verhungern muß, das kann ich verantworten.

Inzwischen macht eine weitere englische (Garnisons-) Kirche bei dieser Aktion mit. Das ist nicht ganz problemlos, denn die britischen Soldaten haben ihren eigenen britischen Supermarkt und geben natürlich ihren Kindern englisch beschriftete Dosen und Päckchen zum Erntedankfest mit. Glücklicherweise kann ich das Sonderbarste aus der Sammlung immer vorher herausfischen, sonst würde es zu noch mehr Mißverständnissen über die Geheimnisse der englischen Küche kommen. Sie sollten es einmal probieren: wenn Sie wirklich das Etikett auf der Dose nicht lesen können, hilft nur raten. Sind es Bambusschößlinge? Oder Würmer? Ist es süß oder sauer? Wie lange muß man es kochen, oder wird es roh gegessen? So hatte wahrscheinlich manch eine Familie ein Überraschungsmenu zum Mittagessen. Aber viel mehr freuten sich einfach, daß sie überhaupt etwas zu essen hatten. In einem Jahr bekamen wir

65 Dosen Spaghetti in Tomatensoße und über 40 Dosen gebackene Bohnen ... Junggesellen Hamburgs, das Abendessen ist serviert!

Khomeinis Butterkuchen

Den Menschen, die uns etwas spenden, tut es sicher gut zu wissen: Ihre Gaben werden sinnvoll verwandt. Wir bitten Gott auch darum, daß er die Geber segnet. Ab und zu denke ich aber, daß es sogar dem Herrn schwerfallen könnte, zu segnen! Wie zum Beispiel bei Khomeinis Butterkuchen.

Der »Arbeitskreis missionarischer Jugendarbeit« hatte sich mal wieder zu einer gemeinsamen Aktivität aufgeschwungen. Es sollte ein Konzert im Stadtpark geben. Dazu war die christliche Rockgruppe »Pieces« aus Siegen eingeladen. Die verschiedenen Jugendgruppen – von lutherisch über baptistisch bis pfingstlerisch – sollten für kleine Stände mit Kuchen, Salaten usw. sorgen. Einnahmen waren für die eigene Jugendkasse vorgesehen. Das stimmte zumindest uns von der Heilsarmee fröhlich, denn wir hatten reichlich Kuchen anzubieten.

Ein paar Wochen vor dem Konzert rief ein großes Hamburger Hotel bei uns an. Sie hätten gerade einen Nachmittagsempfang gegeben, und es seien – auf Grund einer großen Demonstration in der Stadt – kaum Gäste eingetroffen. Ob wir kommen wollten und den Kuchen abholen?

Ich fuhr hin – die Demonstranten waren inzwischen mehr oder weniger friedlich in ihre Häuser zurückgekehrt und die Polizisten abgezogen – und staunte nicht schlecht. Denn es waren mindestens dreihundert Stück Kuchen auf den vornehmen Silberplatten! Was tun mit dreihundert Stück Kuchen, wenn keine Veranstaltung in Sichtweite ist? Ratlos kam ich zu Hause an; unsere Gefriertruhen waren voll. Da traf ich die Metzgersfrau von nebenan. Ob sie zufällig in ihren Gefriertruhen Platz hätte ...?

»Das trifft sich aber gut!« meinte sie. »Normalerweise ist

bei uns auch alles voll, aber da wir erst heute aus dem Urlaub zurückgekommen sind, müssen wir noch tüchtig einkaufen und wursten. Zwei Wochen? Kein Problem! Her mit dem Zeug. Wo habt ihr's denn?« Ich erzählte ihr vom mißglückten Empfang. »Ja, aber wer hat den Empfang gegeben? Wer hat den Kuchen bezahlt?« Ich hatte vergessen zu fragen. Aber als ich am gleichen Abend die wertvollen Silbertabletts zurückbrachte, fragte ich im Hotel nach. Der Deutsch-iranische Freundschaftsverein hatte zum Geburtstagsempfang für Ajatollah Khomeini geladen. Bezahlt war wohl alles vom Konsulat.

Nun konnten wir zusätzlich zum Nudelsalat und dem schon vorher gebackenen Kuchen auch noch khomeinischen Geburtstagskuchen anbieten. Wir nahmen eine Menge Geld ein, und das war gut so. Denn der Arbeitskreis verstand wohl mehr von Evangelisation als von Finanzkalkulation. Eine Kollekte wurde erhoben. Da es immer noch nicht reichte, um das Fahrgeld der Band nach Siegen zu bezahlen, scheute man sich nicht, ein zweites Mal die Kollektenkörbe durch die Reihen zu schicken. Als es immer noch nicht genug war und der Vorsitzende schon mit sorgenvoller Miene »Pieces« zu Fuß nach Siegen ziehen sah, kippte ich unsere – dank Khomeini gut gefüllte – Kuchenkasse in den Kollektenkorb. Somit hat der Ajatollah die Unkosten der Jugendevangelisation zum größten Teil bestritten.

Vielleicht fand der Herr sogar einen Weg, ihn dafür zu segnen.

Samariter

Als Christin weiß ich natürlich: Der größte Segen, den Gott mir geben kann, ist, daß ich Ihn persönlich kennenlerne. Das wiegt unermeßlich viel mehr als gute Geschäftsumsätze, Gesundheit oder was man sich sonst unter »Segen« vorstellen mag. Das hat auch einer unserer hilfreichen »Samariter« erlebt.

Die Salvation Army, die Heilsarmee in England, hat eine Abteilung zur Betreuung der britischen Truppen. In England und auch in der Bundesrepublik, wo britische Einheiten stationiert sind, unterhält sie Clubs, in denen Soldaten einen netten, alkoholfreien Abend verbringen können, zieht im Kantinenwagen mit in die Manöver, betreut junge Ehefrauen mit Heimweh und hält Kinderstunden und Bibelkreise.

Aber Michael gehörte nicht zum Einzugsbereich der Heilsarmee-Bibelkreise. Er und sein Freund, Berufssoldaten um die dreißig, hatten in der Lüneburger Heide Langeweile. Saufen wollten sie nicht; Sport war schon berufsbedingt häufig genug auf dem Stundenplan; etwas Sinnvolles mußte her. Aber wo? Und was?

In seiner Ratlosigkeit fragte Michael jemanden von der Soldatenbetreuungsstelle. Irgendwo mithelfen ist schwierig, wenn man kein Deutsch kann. Man schlug ihnen vor, bei der Heilsarmee in St. Pauli anzurufen; da sei eine Engländerin.

Michael rief an. Seinen Worten war zu entnehmen, daß er wußte, die Heilsarmee sei etwas Christliches. Mehr nicht. Jetzt war ich die Ratlose. Ich bat ihn, irgendwann selber vorbeizukommen, damit man sich gegenseitig kennenlernte. Ehrlich gesagt war ich nicht gerade begeistert. Ich konnte mir nicht vorstellen, wie ein englischer Panzerfahrer uns helfen sollte. Aber er kam, mitsamt seinem Freund, einem Militärpolizisten.

Am Ende des Gesprächs schickte ich die beiden, ausgerüstet mit einigen Vorschlägen und einem auf deutsch geschriebenen Begleitzettel, zu den jungen Leuten vom Missionsteam ins Heilsarmee-Café ein paar Häuser weiter. »Diese Engländer suchen eine sinnvolle Tätigkeit; könnten sie vielleicht für die Kleiderkammer bei den britischen Soldaten Klamotten sammeln oder so? PS. Es sind keine Christen.«

Ulrike vom Missionsteam besah sich den Zettel und dachte sich: »Noch nicht!« So begann eine fruchtbare Zusammenarbeit. Michael organisierte ganze LKW-Ladungen voll Kleidung; sogar über den Soldatensender erließ er einen Aufruf. Und im Missionsteam führte man ihn zu Christus! Jetzt ist seine Verpflichtung beim Militär bald abgelaufen; er möchte nach England zurückkehren und Pastor werden.

Ja, Vater: Segne die Samariter, wo und wer sie auch sind!

Was darf die Liebe kosten?

Unsere Gesellschaft ist nicht schlecht, nein, keinesfalls. Sie spendet für die Hungernden und nimmt sich – postalisch – der armen südamerikanischen Indiokinder an. Berührung aber, richtiger Kontakt, wird vermieden. Denn Armut mieft, um nicht zu sagen: stinkt. Ob in den Hüttenvierteln von Sao Paulo, wo man jeden kostbaren Tropfen Wasser kaufen und kilometerweit schleppen muß, oder in den Niederungen von St. Pauli, wo mancher sich um den Verstand gesoffen hat und sich nicht mehr waschen will: Eine ihr eigene, sauerscharfe Duftnote begleitet die Armut.

Ein inoffizielles Motto der Heilsarmee heißt: Suppe – Seife – Seelenheil. Suppe auszuteilen ist nicht schwer. Einem Menschen Appetit zu machen auf das Brot des Lebens, auf Jesus selbst, ist komplizierter, ihn zum Jünger heranreifen zu sehen, bedeutet Mühe und Ausdauer. Oft bringt die Lage der Dinge es mit sich, daß die Menschen, um die man sich kümmert, von der Suppe begeistert, am Seelenheil mäßig interessiert, von der Seife aber total abgestoßen sind. Da heißt es dann für uns: »Nase zu und durch!«

Wir sind richtig stolz auf unsere Versammlungsbesucher, die jahrzehntelang – bevor wir igendeine Ventilation hatten – mehr oder weniger klaglos den Mief im Gottesdienstraum ertrugen. Die Schulter an Schulter saßen mit allen »Wohlgerüchen« des städtischen Obdachlosenasyls.

Die sich nicht stören ließen, wenn die Nase in die Hand geschneuzt wurde oder der Vordermann merkwürdig »bewegtes« Haar hatte. Es ist nicht immer angenehm. Manchmal fällt uns die Konzentration dadurch schwer. (Ein Obdachloser mit einem offenen Bein kann den Gebetsgeist von dreißig Gemeindegliedern um ihn herum erlahmen lassen!)

Es ist ein kleiner Dienst, den wir tun können – ein paar Unannehmlichkeiten im Gottesdienst ertragen, um denen Freund zu sein, die unter die Räuber gefallen sind. Der barmherzige Samariter unserer Tage ist berufen, sich nicht nur mit Geld, sondern auch mit Nähe zu beteiligen. Bedingungslos.

Ich muß bekennen, es fällt mir manchmal sehr schwer, nicht sofort zu flüchten. Einmal machten wir die Bekanntschaft einer jungen Frau, die in unserer Nähe wohnte. Dinge der Vergangenheit hatten sie psychisch krankgemacht. Sie hätte eine stationäre Therapie benötigt. Aber schon beim Gedanken daran verschloß sie sich wie eine Auster; so kam man nicht an die Perle heran, die bestimmt in ihrem gutmütigen Inneren verborgen war.

Carola war antriebsarm und schlampig. So oft wir auch mit ihr Wochenpläne ausarbeiteten oder Listen zum Abhaken anfertigten – es half alles nichts. Ihre Wohnung war ein einziger Saustall. Einmal hat der Hausmeister darin 22 Mäuse an einem Tag gefangen!

Es war mal wieder so weit. Ich meldete mich zum gemeinsamen Putzen an, bewaffnete mich mit den nötigen Utensilien und verzichtete in weiser Voraussicht auf das sonst übliche Frühstück. Und das war gut so.

Notdürftig packte Carola die leeren Joghurtbecher, Milchkartons und Hamburgerschachteln zusammen mit zerfledderten Groschenromanen und verschimmelten Blumenresten in blaue Müllsäcke. Gebrauchte Damenbinden kamen aus unerwarteten Ecken zum Vorschein; vergammelte Essensreste in zahlreichen Tellern lagen verstreut auf dem Boden. Ich seufzte und wandte mich der Küche zu.

Wenn ich nicht genau gewußt hätte, daß ich mich auf festem Boden mitten in Hamburg befand, hätte ich geglaubt, auf einem Schiff zu sein! Schon von der Türschwelle aus konnte ich sehen, wie die Tischplatte sich sanft hin- und herbewegte.

Aber nicht das sanfte Schaukeln eines Luxusdampfers verursachte den Wellengang, sondern Hunderte dicker, weißer, wogender Maden ... Kurz entschlossen deponierte ich die Tischdecke samt dem sich windenden Inhalt in der Mülltonne und machte mich an den Abwasch ...

Auf einem schmalen Grat

Ich wohne ausgesprochen gern auf St. Pauli, und ich weiß, daß es Rudolf, meinem Mann, genauso geht. Als wir nach Hamburg versetzt wurden, war uns sofort klar, daß wir auf einem schwierigen Grat wandern würden. Damals befand sich in dem Haus gegenüber ein Transvestitenbordell. Viele der Mieter waren keine Transvestiten, sondern echte Transsexuelle, die den langen, teuren und mühsamen Weg der Geschlechtsumwandlung angetreten hatten, um endlich im Personalausweis das Geschlecht eintragen zu können, dem sie sich immer schon zugehörig fühlten.

Es sind oft traurige, gequälte Menschen, die nur in der schillernden Halbwelt St. Paulis Verständnis und Annahme finden. Prostitution ist auch nicht ihre Wunschkarriere – aber welches Krankenhaus oder Großraumbüro stellt eine Schwester oder Sekretärin ein, die ganz offensichtlich ein Mann in Röcken ist – wenn auch dank Hormonbehandlung mit schwellendem Busen? Jahrelange psychologische und hormonelle Behandlung geht einer möglichen Geschlechtsumwandlung voran. Aber von irgend etwas muß man ja leben. Und so landen manche auf St. Pauli. (Ich habe es nicht glauben wollen, aber einige Damen haben es mir bestätigt: den meisten ihrer Kunden fällt noch nicht einmal auf, daß die rassige Schönheit mit der rauchigen Stimme eigentlich – noch – ein Mann ist ...)

Ich bin in keiner christlichen Familie erzogen worden und hielt mich nicht für prüde. Trotzdem gab es manches, das ich hier auf dem Kiez erst lernen und verstehen mußte. Verstehen heißt aber nicht unbedingt gutheißen. Und so wandern wir jahrelang einen Grat entlang, auf dem wir jederzeit auf der einen oder anderen Seite einen Schritt ins Nichts gehen könnten. Wir kennen viele Menschen, die hier ihr Auskommen haben: Prostitutierte, Zuhälter, kleine Kriminelle. Wir versuchen, ihr Vertrauen zu gewinnen, und stellen dabei fest, daß es oft sehr nette Leute sind, zumindest nicht schlechter als die anderen Nichtchristen in unserem Bekanntenkreis. Aber trotzdem. Bei aller Solidarität mit den Menschen um uns herum können und dürfen wir nicht verschweigen, daß sie vor Gott nicht bestehen können.

Vor Gott ist es unwichtig, womit man sein Geld verdient hat, ob als Bordellwirt oder Betriebswirt. Wenn es darauf ankommt, wird allein wichtig sein: Wie wir zu Jesus stehen.

Wobei selbstverständlich sein dürfte, daß ein Bordellwirt, der sich zu Jesus bekehrt, aufhört, auf diese Art und Weise seinen Lebensunterhalt zu verdienen. Daß so eine Lebensänderung ab und an vorkommt, wird von der Szene staunend zur Kenntnis genommen – aber oft nicht geglaubt.

Einmal kam Heilsarmeekapitän Jo Scharwächter zu uns zu Besuch. Er war früher Zuhälter. Wir gingen zusammen in ein Lokal auf der Reeperbahn essen. Im Restaurant saß bereits ein alter Bekannter. Ihm gehörten – ob sie ihm wirklich gehörten oder ob er nur Strohmann war, kann ich nicht sagen – etliche Lokale in unserer Straße: Oben-ohne-Bars, Kontaktschuppen, das Übliche eben. Er saß da mit einer jungen Dame. Wir grüßten ihn freundlich: »Hallo, darf ich dir Jo Scharwächter vorstellen? Er war einmal ein Kollege von dir – und jetzt ist er einer meiner Kollegen!«

Wir wollten die beiden Männer miteinander ins Gespräch bringen – aber die junge Dame interessierte ihn mehr. Immerhin ließ er uns auf seine Rechnung Cola bringen, und ich dachte, daß wir wohl bei der nächsten Begegnung darauf zurückkommen könnten.

Aber als wir uns das nächste Mal begegneten, war er tot – wenn man bei einer Beerdigung von Begegnung sprechen kann. Knapp eine Woche später war er auf einer belebten Straße bei hellem Tageslicht überfahren worden. Der Täter beging Fahrerflucht. Da in dem Jahr etliche St. Pauli-Größen auf die eine oder andere Weise getötet wurden, zogen die Polizei und der Kiez ihre Schlüsse. Bis heute ist der Täter unbekannt.

Wir gingen zur Beerdigung. Es war eine der merkwürdigsten Trauerfeiern, die ich je erlebt habe. Ungefähr dreißig junge Männer, höhensonnengebräunt und mancher mit einer verräterischen Beule unter der linken Schulter. Etwas mehr noch an jüngeren Damen, in Schwarz, aber mit Seitenschlitz und Nahtstrümpfen. Zwei Reporter von der Boulevardpresse, Kriminalpolizei in Zivil. (Nicht von den anderen Herren zu unterscheiden; wenn ich sie nicht hinter einem Grabstein mit ihren Funkgeräten gesichtet hätte, hätte ich nicht gewußt, wer wohin gehört!) Und wir drei von der Heilsarmee in voller Uniform. Er war schließlich so etwas wie ein Nachbar.

Ich weiß, Jo hätte ihm gern erklärt, wie er mit Gottes Hilfe ein neues Leben anfangen könnte. Er kam nicht dazu.

Aber manchmal werden St. Paulianer von Gott eingeholt, wenn sie sich weit weg vom Kiez befinden.

Der Pastor einer norddeutschen Pfingstgemeinde rief uns an. Sie hätten ein Problem, ob wir helfen könnten, es zu lösen? Es war eine Schwierigkeit, die ein kräftiges Halleluja in meinem Herzen auslöste. Folgendes war passiert:

Die Gemeinde hatte eine Mannschaft norwegischer Bibelschüler zu Besuch. An einem freien Tag hatten sie einen Hamburgbummel gemacht und dabei auch St. Pauli besucht. Nun gehörte zu der Bibelschulgruppe eine Norwegerin, die früher zwei Jahre in einem Nachtclub auf der Großen Freiheit getanzt hatte. Sie war dann nach Norwegen zurückgekehrt und hatte sich zu Jesus bekehrt. Jetzt, bei ihrem Bummel, stellte sie mit Entsetzen fest, daß immer noch Nacktbilder von ihr in der Glasvitrine des Clubs auslagen.

Ihre Vergangenheit war vorbei, vergeben – sie sollte auch vergessen und nicht auf rosa Plüsch ausgestellt werden! Nun wollte sie gern noch einmal nach Hamburg fahren und versuchen, an ihre Bilder zu kommen. Der Pastor der Kleinstadtgemeinde wollte sie auch nicht begleiten. Ob nicht die Heilsarmee . . .? Aber mit Vergnügen!

Nachdem Britta bei der Freiversammlung auf der Reeperbahn ihr Zeugnis gegeben hatte, machten wir uns beide auf den Weg in die Große Freiheit. Der Porter, wie die »Reinlocker« hier heißen, konnte sich noch an sie erinnern.

»Was machen Sie aber jetzt hier mit der Heilsarmee, Mädchen?«

»Tja . . . ich bin Christ geworden, gehe auf eine Bibelschule – und hätte gern die Fotos da von mir zerrissen. Ich bin nicht mehr die Alte!«

»Nun – das muß der Geschäftsführer entscheiden . . . Schade drum. Sind geile Bilder!«

Bald war Britta umringt von Portern und ehemaligen Kolleginnen, denen sie erzählte, was Gott tun kann.

Der Geschäftsführer war zunächst nicht bereit, die Bilder auszuhändigen, ließ sich aber überreden. »Du könntest jederzeit wieder bei mir anfangen, Britta . . .«

Ein paar der Mädchen gratulierten ihr zu dem neuen Leben und waren sichtlich berührt.

Maßstäbe

»Du? Einen Jungen soll man eigentlich nur dann küssen, wenn man ihn richtig liebhat, nicht?«

Vorsichtig antwortete ich mit »Ja«.

»Und richtig liebhaben heißt wohl auch, daß man auch heiraten würde?«

Ich murmelte irgend etwas. Einige der jüngeren Besucherinnen unseres Jugendclubs mußten Woche für Woche nach Hause gefahren werden; es gab immer ein Gerangel um die Fahrtroute, weil natürlich die letzte Wageninsassin alle möglichen Fragen unter vier Augen mit mir bereden konnte.

Martina seufzte. »Und Ehebruch – Ehebruch ist eine schlimme Sünde, nicht?«

Ich bemühte mich, das Auto nicht um die nächste Laterne zu wickeln, und bejahte ihre Frage.

»Dann ... dann, wenn ich jeden Tag in der Woche einen anderen Jungen küsse – ist das denn Ehebruch?« Martina war ganze dreizehn.

Das gab mir sehr zu denken. Was für eine Chance haben die Kinder und Jugendlichen aus Familien, wo Christus nicht im Mittelpunkt steht, unseren ethischen Erwartungen zu entsprechen? Martinas Eltern sind geschieden, leben mit anderen Partnern zusammen. Ihre ältere Schwester ist eine ledige Mutter.

Damals gründeten wir einen Mädchenkreis, speziell für die jüngeren Mädchen des Jugendclubs, die mit ihren Fragen und Meinungen bei den »Großen« nicht zu Wort kamen. Das Ganze hieß »Heils' Angels« und machte allen großen Spaß. Gerade Fragen der Sexualität wurden häufiger von den Mädchen angesprochen.

Allerdings war das Thema auch mit Fallen gespickt. Eines Abends bekam ich einen wütenden Anruf einer Mutter. Sie war alleinerziehend, verdiente viel Geld und leistete sich fast jeden Monat eine Kurzreise in Europas Metropolen – mit wechselnder Begleitung. Nun war ihre Tochter nach dem Mädchenkreis heimgekommen und hatte ihr mit dem Taktgefühl einer Vierzehnjährigen ins Gesicht geworfen: »Das, was du mit deinen Freunden machst, ist Sünde. Hat die Christine gesagt.« Vorangegangen war eine Bibelarbeit zum Thema voreheliche Beziehungen – für die Teenager. Getroffen wurde eine Mutter, die nicht bereit war, nach biblischen Richtlinien zu leben.

Aber was heißt dann »nach biblischen Maßstäben«? Jeder Jugendleiter oder Seelsorger, der mit jungen Menschen zu tun hat, kennt den Seufzer: »Hättest du dich nicht klarer ausdrücken können, Herr? Ich versuche ja, den Bogen vom alttestamentlichen Verständnis über Jesus bis heute zu spannen – aber sie lächeln nur! Hättest du nicht ein elftes Gebot von Mose schreiben lassen können: Du sollst nicht vor dem Standesamt mit deiner Freundin ins Bett gehen!« Aber Gott hat es eben nicht so gesagt, sondern es uns und unserem Verständnis der Schrift überlassen. Das macht zwar alles viel schwieriger, ist aber gleichzeitig ein großes Kompliment an uns Christen.

Nur – wie vermittele ich das an eine Sechzehnjährige, deren Freund einen »Liebesbeweis« von ihr verlangt? In Jugendstunden nicken alle weise und lauschen bejahend den frommen Worten der Ermahnung. Ist aber erst aus der Jugendgruppe ein Pärchen entstanden: tja, sie sind natürlich die große Ausnahme ...

Aber so sind wir Menschen eben: auf Sonderbehandlung erpicht. Und deswegen setze ich mir immer ein großes »Stop!«-Schild vor meine inneren Augen und hoffentlich auch vor meinen Mund, wenn es darum geht, die Fehler anderer zu beurteilen.

Als meine Generation jung war, wußten wir sehr wohl, daß es nicht okay war, mit einem Jungen vor der Ehe zu schlafen. Es wurde – und in welcher Zeit war es nicht so? – zwar trotzdem gemacht, aber man hütete sich zumindest davor, beim Verlassen des Hauses frühmorgens gesehen zu werden. Die heutige Generation Teenager wachsen ohne diese moralische Hemmschwelle auf. Der Lehrer hat eine Lebensgefährtin, der Bürgermeister verläßt seine Frau und zieht zur Geliebten, die Schlagersängerin heiratet ihren langjährigen Freund im Beisein ihrer gemeinsamen Kinder ...

Verstehen Sie mich bitte nicht falsch. Ich stehe zur Keuschheit vor und Treue in der Ehe. Nur befürchte ich, daß wir nach ein paar Jahrzehnten im christlichen Mief langsam das Verständnis dafür verlieren, wie unverständlich unsere – biblischen – Verhaltenserwartungen für Nichtchristen sind. Sexuelle Beziehungen außerhalb der Ehe sind heute so verbreitet wie Imbißstuben – es gibt sie überall. Wie würden Sie reagieren, wenn auf einmal Ihr Tennisclub oder Lesezirkel keine Mitglieder mehr aufnähme, die noch Pommes frites kauften? So unverständlich wirkt auf einen jungen Menschen aus nichtchristlichem Hause die biblische Vorstellung von Sex (schön, aber in die Geborgenheit der Ehe gesetzt).

Und trotzdem, trotz aller Gefahren, mißverstanden zu werden, darf man nicht verschweigen, daß das Übertreten der göttlichen Gebote in punkto Sex eben doch schwerwiegender ist als meinetwegen das Falschparken oder Abschreiben in der Schule. Nach einer Jugendstunde zum Thema »Abtreibung« wollten zwei Sechzehnjährige »ein paar Minuten unter vier Augen« mit mir. Beide Mädchen hatten eine Abtreibung gehabt. Es waren zwar keine Menschen, die bewußt mit Gott lebten, aber immerhin waren sie einige Jahre zum Jugendclub gekommen. Sie sangen unsere Lieder, sie machten die Bibelarbeiten mit, sie fuhren mit uns zu Jugendwochenenden – und sie ließen abtreiben. Da – wie so oft – haben wir versagt.

Nicht am Schreibtisch

Es wäre gelogen, wenn ich behaupten würde, ohne Angst zu sein. Gelogen – und töricht. Am Anfang unserer Tätigkeit hier dachte ich recht naiv: »Mir passiert schon nichts, mein Schutzengel muß halt Überstunden machen . . .« Wahrscheinlich hat er es auch machen müssen, denn mir ist nichts passiert, nichts Gravierendes zumindest.

Ich meinte immer, daß Frauen eher eine Prügelei schlichten können als Männer. Bevor auf eine Frau losgeschlagen wird, kommt normalerweise eine Schrecksekunde, in die es hineinzusprechen gilt. So dachte ich. Und so handelte ich auch, als wir, von der Reeperbahn-Freiversammlung kommend, sahen, wie zwei Herren sich vor dem Saal prügelten. Ich ging auf die beiden zu und wollte beruhigend auf sie einreden. Aber kaum war das erste Wort ausgesprochen, landete mein Gegenüber bei mir einen Volltreffer; meine Brille ging kaputt, und ein blaues Auge begann aufzuschwellen.

Doch Hilfe war in Sicht! In der Nähe stand Christof, gelernter Einzelkämpfer bei der Fremdenlegion und jetzt mein Bruder in Christus. »Christof!« dachte ich und preßte meine Hand auf das Auge. »Räche mich!« Zu dem Zeitpunkt hätte er sein Leben für uns gelassen. Und sofort trabte der christliche Chaot los, hob seine Rechte, sagte: »Gott segne Sie« und ging weg. Während ich auf Rache sann, zeigte mir mein Bruder, wie ich mich hätte benehmen sollen.

Seit diesem Ereignis stürze ich mich nicht sofort in jede Prügelei . . .

Wahrscheinlich hatten die Frommen, die auf der Straße nach Jericho die Hilfe für den Ausgeraubten unterließen, ihre Gründe. Gründe, die sie logisch und plausibel fanden. Sie hatten vielleicht Angst, durch die Berührung mit einem eventuell Toten ihre rituelle Reinheit zu verlieren und für den Dienst im Tempel vorläufig gesperrt zu werden. Vielleicht war es auch die Angst, die Räuber könnten noch versteckt auf sie lauern – oder der Verwundete gar nur ein Lockvogel sein. Sie machten einen Bogen um einen, der ihrer Hilfe bedurfte. Erst der Ausländer, der Samariter, ging auf den Verletzten zu und setzte sich für ihn ein.

Gott ruft seine Kinder dazu auf, sich einzusetzen. Nicht allein am Schreibtisch, sondern auch da, wo die Not ist.

Allerdings muß man wissen, daß man sich dabei Gefahren aussetzen kann. In unseren zwölf Jahren in St. Pauli haben wir drei Brandstiftungen, etliche Diebstähle und Einbrüche und einen bewaffneten Überfall erlebt. Und jedesmal waren es uns bekannte Menschen, die uns schädigen wollten, obwohl wir ihnen vorher versucht hatten zu helfen.

Finanziell am schädlichsten – zumindest für die Brandkasse – waren die Brände. Mir persönlich setzte jedoch der Überfall am meisten zu. Monate später hatte ich noch ein rasendes Herz, wenn ich unseren dunklen Hausflur betrat.

Jochen war ein junger Mann, der zu uns in den Jugendclub kam. Er war sehr labil. Kam er mit vernünftigen Freunden zusammen, war er der liebste Mensch. Aber an seiner neuen Schule hatte er die falschen Freunde gefunden. Bald war er in kleinere und größere Diebstähle verwickelt. Eines Tages entwendete er von meinem großen Schlüsselbund, den ich irgendwo im Saal liegengelassen hatte, die Schlüssel zur Wohnung und zum Tresor. Als wir in die Wohnung kamen und den Tresor leer fanden, dachten wir uns, wer wohl der Schuldige war. Wir machten uns nachts noch auf den Weg zu seiner Wohnung, verlangten und bekamen das gestohlene Geld zurück.

Daraufhin kam er – verständlicherweise! – nicht mehr in die Talstraße. Als er ein Jahr später wieder in einer Versammlung auftauchte, waren wir hoch erfreut. »Der Junge will vernünftig werden«, dachten wir, »er hat's eingesehen, daß der kriminelle Weg nichts bringt!«

Am nächsten Tag klingelte er an der Tür und wollte meinen Mann sprechen. Der war nicht zu Hause, und so ging Jochen unverrichteter Dinge weg. Am darauffolgenden Tag war er noch einmal da. Ich erklärte ihm, daß mein Mann wieder nicht zu Hause sei. Er erklärte sich bereit, im Treppenhaus auf ihn zu warten.

Nach fünf Minuten kamen mir Bedenken. »Du kannst doch den Jungen nicht die ganze Zeit draußen auf der Treppe sitzen lassen!« sagte ich mir. Ich versteckte Portemonnaie und Schlüsselbund und lud ihn in die Wohnung ein. Wir saßen in der Küche und unterhielten uns eine Stunde lang. Dann kam mein Mann nach Hause. Jochen ging nach unten zu ihm ins Büro und ich kaufte ein.

Als ich nach Hause kam, standen die beiden noch vor der Haustür. Jochen, der junge Kavalier, trug meine Einkaufstaschen nach oben und meinte: »Du, ich glaube, ich habe meine Wohnungsschlüssel bei dir liegengelassen!« Wir schauten in der Küche nach – nichts.

Weil ich wußte, daß wir in keinem anderen Raum der Wohnung gewesen waren, begleitete ich ihn mit einem bedauernden Achselzucken zur Tür. Als ich die Wohnungstür öffnen wollte, hatte ich plötzlich eine Pistole im Rükken. Eine ganz andere Stimme zischte mir ins Ohr: »So, mach kein Scheiß. Rüber ins Schlafzimmer!«

Was bleibt einem in einer solchen Situation übrig? Meine Hände wurden mit einer aus einer Kommodenschublade gerissenen Strumpfhose gefesselt. Ich versuchte, mit ihm zu reden. Aber all meine Redegewandtheit half nichts.

»Halt die Klappe, sonst knallt's!«

»Ach, das ist doch nur eine Schreckschußpistole. Mich kannst du nicht erschrecken.«

»So? Laß es nicht darauf ankommen, kann ich dir nur sagen!« Aus meinem Blickwinkel, hingeschmissen auf das Bett, konnte ich wirklich nicht mit Gewißheit sagen, ob sie echt war oder nicht. Ich beschloß, die Klappe zu halten.

Jochen verschwand mit meinem Schlüsselbund ins Wohnzimmer, um den Tresor aufzuschließen. Aber zwei Dinge konnte er nicht wissen. Daß ich seit dem Ereignis im letzten Jahr den Tresorschlüssel nicht mehr am Bund, sondern in der Wohnung versteckt hatte – und daß wir im Schlafzimmer einen zweiten Telefonapparat hatten. Als er wütend ins Schlafzimmer stürmte, um aus mir herauszukitzeln, wo der Tresorschlüssel sei, hielt ich trotz Fesseln den Hörer in der Hand. Ich hatte meinen Mann im Büro angewählt. Niemand nahm ab! In dieser Situation gab mir Gott den Einfall, zu tun, als ob. »Rudolf«, brüllte ich ins Telefon – laut genug, um das Tuten des Telefons zu übertönen, »hol die Polizei!«

Jochen riß das Telefonkabel aus der Wand und türmte. Ohne Geld.

Zu dem Zeitpunkt hatten wir die Vorbereitungsgruppe von M.S. Doulos, dem zweiten Schiff der Operation Mobilisation im Haus. Die Doulos sollte Hamburg für einen

Monat besuchen, und die drei jungen Mitglieder der Vorbereitungsgruppe hatten es sich zur lieben Gewohnheit gemacht, in unserer Wohnung den Kopierer zu benutzen. Rudolf II., ein bärtiger Schwabe, war gerade auf dem Weg vom ersten in den zweiten Stock zu uns. Ohne auf den jungen Mann im Treppenhaus zu achten, kam er in unsere Etage und klingelte. Ich stand noch unter Schock. Mit gefesselten Händen öffnete ich die Tür.

»Du, Christine, kann ich bei dir wieder kopieren?«

»Ja, sicher – komm rein.« Aber weiter kam ich nicht. Dort auf der Türschwelle fing ich an zu schluchzen. Und der gute Rudolf II. wußte sich nicht anders zu helfen, als mich einfach in den Arm zu nehmen. – Mein Mann, Rudolf I., stand die ganze Zeit über auf der Straße vor dem Saal. Irgend etwas war mit dem Jungen los, normal hatte er auf alle Fälle nicht reagiert. Aber was war es? Als er Jochen aus dem Haus rennen und in die andere Richtung verschwinden sah, ahnte er bereits, was geschehen war. So schnell wie noch nie hastete er noch oben. Aber statt in ihrem Blute fand er seine Frau in den Armen eines jungen Mannes . . .!

Was sich wie Klamauk anhört, war Wirklichkeit. Diesmal blieb uns nichts anderes übrig, als die Polizei einzuschalten, denn Jochen war vielen in der Heilsarmee bekannt. Jeder der Senioren hätte sich gefreut, ihn wieder zu sehen – und hätte die Pistole im Rücken wohl schwerer verkraftet. Wochen später wurde er gefaßt. Danach saß er wegen einer Reihe von Raubüberfällen im Gefängnis, hat sich aber gottlob gefangen.

Wissen Sie, was am meisten wehtat? Nicht die Fesselspuren am Handgelenk . . . nicht einmal das monatelange Zusammenzucken vor knallenden Geräuschen, sondern die Tatsache, daß wir ihn so gut gekannt hatten. Bei Gericht fragte ihn der Richter, warum er ausgerechnet die Heilsarmee ausgesucht hätte, die immer wieder versucht hatte, ihm zu helfen. »Tja«, meinte Jochen treuherzig, »bei der Christine war ich sicher, die ist vernünftig und zwingt mich nicht zu schießen . . .!«

Wer sich in seinen gotischen Kirchenmauern einschließt, wer sich nur mit gut geretteten Menschen umgibt und die böse Welt da draußen verdrängt und vergißt, behält seine makellosen Autopolster und die gepflegten Blumenrabatten seiner Gemeinde. Macht ihn aber unser Herr auf die Nöte anderer aufmerksam, kann es sein, daß man in sein Auto spuckt und verwahrloste Kinder die Blumen pflücken.

Oft genug wird er aber herausfinden, daß ein Auto gerade der richtige – weil ungestörte und auch nicht so leicht zu fliehende – Ort für seelsorgerliche und andere wichtige Gespräche ist. Und daß die Kinder die Blumen klauen, um sie ihm mit strahlendem Gesicht zu überreichen.

Ein aufregendes Leben?

Ich habe große Achtung vor Stewardessen und Krankenschwestern. Es gab eine Zeit – so um die zweite Klasse, glaube ich –, da träumte jedes kleine Mädchen meiner Bekanntschaft davon, das eine oder das andere zu werden. In schicker Uniform von einem Kontinent zum anderen zu schweben: himmlisch! Oder engelsgleich mit Haubenheiligenschein dem jungen Filmstar die fiebrige Stirn zu kühlen, an einer Notoperation teilzunehmen ...

Irgendwann, ich war längst erwachsen, bekam ich ein Flugzeug zum ersten Mal von innen zu sehen und stellte fest, daß die fotogenen Stewardessen im Grunde genommen die meiste Zeit schick uniformierte Serviererinnen sind.

Ich mußte nicht erst erwachsen werden, um von Krankenschwestern ähnliches zu wissen. Mein englisches Gymnasium bot in den langen Mittagspausen nicht nur Sport–, Bibel- und Bastelkreise an, sondern auch Erste Hilfe und häusliche Krankenpflege. Hatte man die letzten beiden erfolgreich absolviert, konnte man nach einem weiteren Lehrgang eine Prüfung als Schwesternhelferin ablegen. So kam es, daß ich während den Sommerferien an dem erwähnten Krankenhaus-Praktikum teilnahm.

Es hat mich immer erschreckt, wieviel eine Krankenschwester wissen muß, um ihr Staatsexamen zu bestehen. Aber auf der Station besteht für viele der Alltag aus Kellnern, Säubern, Bettenmachen. Der fiebernde Filmstar und die lebensrettende Operation bleiben häufig in der Fantasie des kleinen Mädchens (und der Berufsberater?). Die Realität sieht oft ganz anders aus.

Statt Krankenschwester oder Stewardeß zu werden, bin ich also zur Heilsarmee gegangen. Ist mein Leben deswegen interessanter? Die Erlebnisse, von denen ich hier erzähle, sind innerhalb einer langen Zeitspanne passiert. Zwölf Jahre – die längste Zeit, die ich irgendwo gewohnt habe – komprimiert auf gut hundert Buchseiten – das liest sich natürlich aufregend. Oft sieht mein Alltag anders aus. Wochenlang passiert nichts Außergewöhnliches. Da folgt ein Tag dem anderen in ruhiger Pflichterfüllung: dienstags Kinderstunde, Jugendclub, mittwochs Heimbund (Frauenkreis), donnerstags Seniorentreffen . . . Dazwischen geht es zum Straßeneinsatz, ins Krankenhaus, zu einem »Problemfall«. Die Bibelansprachen für die Sonntagsversammlungen müssen vorbereitet, das Programm für die Wochentagsveranstaltungen ausgearbeitet werden.

Wenn dann etwas Unvorhergesehenes geschieht und der Terminkalender außer Tritt gerät, kommen wir schon in Schwierigkeiten. So haben wir zum Beispiel jahrelang den Saal von jungen, arbeitslosen Brüdern putzen lassen. Sie waren froh, etwas tun zu können, und ich war ehrlich gesagt dankbar, nicht alle Stühle selber wuchten zu müssen. Aber manchmal hat die Putzkolonne uns . . . große Überraschungen bereitet. Da half alles nichts, es mußte halt in der Nacht geputzt werden.

Seit dem Umbau haben meine Kollegin und ich den Saal immer selbst in Schuß gehalten; langfristig gesehen ist es nicht die beste Lösung, aber solange der Bau nicht fertig ist, muten wir ihn keiner Putzfrau zu. Und irgendwie komme ich mir wie Paulus vor, wenn ich den Raum, in dem ich predige, auch selber geputzt habe.

Es ist keine Schande, Reinemachfrau zu sein im Hause Gottes oder sonst irgendwo. Heilsarmee-Offiziere verdienen keine tollen Gehälter, aber unterbezahlt sind wir auch nicht. (Wer meinen Mann und mich kennt, weiß, daß wir nicht an Unterernährung leiden!) Die Heilsarmee ist eine Volks-Kirche im wahrsten Sinne des Wortes; unsere Hauptzielgruppe sind Menschen, die ebenfalls nicht viel verdienen. Wie könnte ich sie verstehen, wenn ich monatlich viertausend Mark ausbezahlt bekäme?

Oder meint jemand, der Herr habe die Verpflichtung, mir einen Mercedes vor die Tür zu setzen, damit die Leute sehen, wie gut es mir geht? Mitnichten. Mein Mann und ich leben alles andere als asketisch. Es fällt mir zwar nicht immer leicht, die zusammengewürfelten Möbel der Dienstwohnung schön zu finden, denn sie sind manchmal ausgesprochen häßlich. Aber wenn mein Alltag keine größeren Probleme bietet als ein Zimmer im Stil der ausgehenden sechziger Jahre, bin ich doch glücklich zu preisen, oder?

Meinem Mann macht die Umgebung, in der er lebt, scheinbar wenig aus. (Ich habe gehört, es gehe vielen Männern so!) Wenn er ein Büro hat, in dem er arbeiten kann, ein Bett und einen Fernseher, genügt ihm das völlig. Aber mir ist schon nicht ganz gleichgültig, wie die Küche aussieht oder ob die Heizung einigermaßen funktioniert.

Am Anfang unserer Zeit hier in St. Pauli hat mir ein bißchen Grün ungeheuer gefehlt. Kein Garten, kein Balkon – das einzige Grün in der Talstraße sind die Polizeiautos, die Tag und Nacht durchfahren! Deswegen habe ich mir jede Menge Topfpflanzen in die Wohnung geholt. Da mein Mann außerdem Papageienfan ist und zeitweilig zwei große Papageien in der Wohnung hielt (bis der eine sich zu einem fürchterlichen Schreier entwickelte und wir ihn an ein Freigehege verschenken mußten), bot unser Wohnzimmer manchmal einen fast exotischen Anblick.

Sie sehen, Christen in St. Pauli beschäftigen sich nicht nur mit großen diakonisch-evangelistischen Aufgaben, sie machen sich Sorgen um das richtige Papageienfutter, um die Stoffmuster der zu ersetzenden Gardinen und stellen jeden Tag aufs neue die Frage aller Fragen: »Was willst du heute zu Mittag essen?« Tausenderlei kleine Aufgaben, wie sie jeder Mensch überall in Deutschland zu bewältigen hat. Und dann kommt der Anruf oder ein Gast steht an der Tür und erinnert uns daran, wo und was wir sind.

Oft denke ich, wenn mein Mann und ich in der Mönckebergstraße stehen und die Menschen mit ihren Einkaufstüten an uns vorbeiströmen, daß jeder von ihnen eine so wichtige Geschichte erzählen könnte und bestimmt genug Interessantes erlebt hat, um ein Buch zu schreiben.

Die Stewardeß serviert ihre abgepackten Speisen zur Zufriedenheit (hoffentlich) der zahlenden Kunden. Die Krankenschwester wechselt Verbände, mißt Fieber und sieht auch einmal einen Schwerkranken unter ihrer Fürsorge aufblühen.

Und ich halte zahllose Frauenabende, singe stundenlang auf Hamburgs Straßen, erfinde immer neue Rezepte für die Jugendclub-Kochgruppe – und darf ab und zu auch einmal erleben, daß der Heilige Geist einen Menschen so packt, so umkrempelt, daß man ihn kaum wiedererkennt ...

Suppe, Seife, Seelenheil

Ich hatte eine altmodische Oma. Keine von der Sorte, die in flotten Hosen ihren Wagen souverän zum Auslandsurlaub kutschiert. Meine Oma trug immer Kittel, trank ein bißchen zuviel Bier und war mir nicht sehr sympathisch. Von Schulbildung für Mädchen hielt sie nichts, denn Mädchen gingen ja sowieso nur in die Fabrik, bis das erste Kind da sei. Meinte sie. Sie starb, als ich ungefähr acht Jahre alt war; ich kann mich nicht gut an sie erinnern. Aber ein lautstarker Streit, den sie mit ihrer schottischen Schwiegertochter, meiner Mutter, hatte, ist mir im Gedächtnis geblieben.

Meine Mutter hatte mich und meinen kleinen Bruder Alan bei ihr »geparkt«, während sie auf dem nahegelegenen Wochenmarkt einkaufte. Nun passierte es, daß Alan sich in ihrer Küche ziemlich schlimm verbrühte; es war zwar noch kein Arztbesuch erforderlich, aber immerhin sah die Hand nicht gut aus. Meine Großmutter wußte sich nicht anders zu helfen, als die verbrühte Stelle trotz brüllenden Protests meines Bruders dick mit Butter einzustreichen, wie sie es eben von ihrer Mutter gelernt hatte. Da traf schottischer Dickschädel auf Londoner Großstadthochmut – und es krachte!

Vielleicht ist das der Grund, warum ich instinktiv erschauere, wenn in biblischen Berichten von »Öl und Wein« in irgendwelchen Wunden die Rede ist. Aufgeklärte Menschen unserer Zeit wissen, daß Laien nichts auf eine Wunde zu legen haben als ein steriles Tuch, und da kommt der Samariter mit seinem gutgemeinten Öl und Wein?

Ich täte ihm unrecht, dem barmherzigen Samariter, wenn ich so denken würde. Die Vielfalt heutiger pharmazeutischer Produkte war dem Menschen zur Zeit Jesu fremd; Wein zum Desinfizieren und Öl, vielleicht versetzt mit Heilkräutern, waren damals die üblichen Medikamente.

Aber wenn man auch vor zweitausend Jahren keine Betablocker und Vitaminpillen kannte, so wußte man doch zumindest um etwas, was in der Zwischenzeit in Vergessenheit geraten ist und erst jetzt wieder neu entdeckt wird: die inneren Zusammenhänge zwischen Körper, Geist und Seele. Die heutige Ganzheitsmedizin, die Notwendigkeit, den Patienten als ganze Person in seinem Umfeld zu sehen, wird von Jesus vorgemacht.

Er spricht einem Gelähmten die Vergebung seiner Schuld zu – und der Mann kann plötzlich gehen. Und er ist nicht so sehr vom Predigen und Lehren in Anspruch genommen, daß ihm der Hunger seiner Zuhörer entgeht. Da die Einkaufsmöglichkeiten fehlen, muß er auf seine besonderen Beziehungen zum himmlischen Vater zurückgreifen. Ob Prediger oder »Picknick-Gastgeber«, Jesus sieht in den Menschen seiner Umgebung Männer, Frauen und Kinder mit Bedürfnissen, die es zu befriedigen gilt.

Jesus kommt in das Trauerhaus des Jairus, wo die zwölfjährige Tochter soeben gestorben ist. Er weckt sie zu neuem Leben auf; die Verwirrung und der Schreck unter den Hausbewohnern und Nachbarn ist groß. In dieser Situation wirkt seine Bitte an die Eltern etwas überraschend. Keine theologischen Ausführungen, keine detaillierten Nachsorgehinweise, sondern ganz einfach: »Gebt dem Kind etwas zu essen!« Aber beim zweiten Blick fällt mir auf: Was wäre besser geeignet, den Eltern wieder ein Gefühl der Normalität zu geben, als das vertraute Hantieren mit Kochgeräten und Lebensmitteln? Und was könnte eher von der wiedergewonnenen Gesundheit des Mädchens überzeugen, von ihrem Körper aus Fleisch und Blut, als der herzhafte Appetit einer Zwölfjährigen? Der Herr heilt nicht nur das Kind, er denkt auch an die Eltern und an die Atmosphäre, in der das neugeschenkte Leben gelebt werden muß.

Eine Frau, die seit zwölf Jahren an schweren Blutungen leidet, wagt sich in die Nähe Jesu. Sie berührt sein Gewand und wird geheilt. Als Jesus sich zu ihr umdreht, zittert sie vor Angst. Aber der Herr nimmt sich für die gequälte Frau Zeit. Er hört sich alles an, lobt ihr Vertrauen und schickt sie mit einem Friedensgruß nach Hause. Wunden sind nicht nur äußerlich. Die inneren tun manchmal genauso weh. Vor zweitausend Jahren wußte das Jesus bereits – und handelte danach.

Und genauso sieht er uns heute auch. Verstehen Sie mich nicht falsch: Gott ist kein Kaffeeautomat, wo man oben Gebete hineinwirft, und die Gebetserhörung kommt auf Knopfdruck unten heraus. Ich habe als Christ keinen Anspruch auf Gesundheit, Reichtum und Erfüllung aller meiner Wünsche. Aber die Erfahrung vieler Christen zeigt, daß ein ausgeglichener, gläubiger Mensch weniger von streßbedingten Krankheiten geplagt wird oder sie zumindest besser bewältigen kann. Umgekehrt ist es oft so, daß ein Mensch, der Christ wird, nicht nur die Vergebung seiner Sünden erfährt, sondern auch eine Besserung seines Gesundheitszustandes; daß ein an einer unheilbaren Krankheit Leidender in ruhiger, fast heiterer Gemütsverfassung sterben kann, weil das Sterben für ihn ein Heimgehen zum Vater ist.

Auf der Mönckebergstraße lernten wir eine junge Apothekengehilfin kennen. Wir sangen unsere Lieder, verteilten die Heilsarmee-Zeitschriften. Kerstin sprach uns an. Sie wollte sich informieren. Wo war sie nicht überall gewesen! Religionen, esoterische Weltanschauungen, Philosophierichtungen . . . alles Mögliche (und manches Unmögliche) hatte die junge Frau angeschaut. Sie suchte eine Begegnung mit dem Spirituellen, mit Gott, mit irgend etwas.

Kerstin begann, unsere Versammlungen zu besuchen. Anfangs verstand sie nicht viel. »Ihr redet von Gott: Von welchem Gott? Wen meint ihr?«

Monatelang haben wir einmal in der Woche in unserer Küche zu zweit Bibelarbeit gemacht, bis sie begreifen konnte, welchen Gott wir meinen. Aber sie schien diesen Gott nicht kennenlernen zu können.

Schließlich rückte sie Stück für Stück mit ihrer Vergangenheit in der Transzendentalen Meditation (TM) heraus. Ich hatte nicht geahnt, wie tief sie in solche Praktiken verstrickt war.

»Kerstin«, meinte ich eines Tages am Küchentisch, »wenn du mir nicht dein Mantra nennst, wirst du nie frei, Gott kennenzulernen.«

»Aber den Geheimnamen darf ich doch niemandem verraten, sonst muß ich sterben! Er ist – oder zumindest soll er es sein – mein persönlicher Zugang zur anderen Welt!«

»Und kannst du Gott dem Vater nicht zutrauen, daß er dich beschützen kann, auch wenn du mir den Namen nennst?«

»D-D-Doch . . .« Der Name wurde ausgesprochen. Kerstin war befreit. Sie wurde eine strahlende Christin. Monate später meinte sie: »Du, weißt du was? Seit ich mich zu Jesus bekehrt habe, sind meine schlimmen Kopfschmerzen und meine Depressionen wie weggeblasen!« Die Befreiung vom Druck der TM hatte die Befreiung von ihren Kopfschmerzen mit sich gebracht.

Wir verloren Kerstin aus den Augen, als sie mit ihrem Mann nach Süddeutschland zog. Aber ich weiß, daß sie Jesus liebt und in einer Gemeinde aktiv ist.

Mit Nudelsalat fing es an

Als ich damals in Köln die Heilsarmee kennenlernte, war es diese »Ganzheitsmethode«, die mir imponierte. In einer anderen lebendigen Gemeinde wäre mein Eindruck sicherlich nicht anders gewesen. So aber war die Art der Heilsarmee, sich für mich nicht nur am Sonntagmorgen zu interessieren, sondern auch für meinen Arbeitsplatz und mein Freizeitvergnügen, sehr anziehend.

Der Heilsarmeegründer William Booth prägte das Schlagwort: »Suppe, Seife, Seelenheil.« Es ist immer noch gültig. Suppe gegen den ersten Hunger. Seife, damit ein Mensch sein Selbstbewußtsein zurückgewinnen und Gemeinschaft genießen kann. Und Seelenheil, weil sonst alles andere nur kosmetische Korrekturen sind, die das Urproblem der Menschheit nicht lösen.

Manchmal liegen Suppe und Seelenheil sehr eng beieinander. Ich erinnere mich an einen jungen Schweizer. Nennen wir ihn Beat. Nun, so ganz jung war er wohl nicht mehr: Mitte dreißig vielleicht, verheiratet, Kinder. Als Jugendlicher aktiv in einer christlichen Gemeinde, aber mit der Zeit, wie es eben so ist . . . Geldverdienen, Familie versorgen . . . Der Glaube, in die Ecke gedrängt, verabschiedete sich. Ohne Gott lebt sich's auch gut.

Doch irgendwann kam die Zeit, da verabschiedete sich Beat von seiner Familie. Das heißt, nicht gerade verabschieden mit Handschlag und guten Wünschen: Beat verschwand, stieg einfach aus. Die Aussteigerwelle spülte ihn zu Weihnachten im Hamburger Hafen an Land. Ziemlich abgebrannt, aber doch nicht ganz mittellos, entschied sich Beat für ein billiges Hotelzimmer mit Frühstück statt eines Bettes auf der Parkbank und satt zu essen.

Das Hotel war in St. Pauli. Beat guckte sich von Hamburg an, was über die Weihnachtsfeiertage anzuschauen ist, und vertrieb sich die restliche Zeit auf der Reeperbahn. Dort fand er ein kleines Plakat an einer Straßenlaterne: »Heute abend allein? Wir möchten mit Ihnen Weihnachten feiern. Ihre Heilsarmee.« Heiligabend war zwar bereits einen Tag vorbei – ehrlich gesagt waren wir noch nicht dazugekommen, die Plakate alle abzumontieren –, aber Beat schaute trotzdem bei uns herein. Was ihn dazu bewog, den Gottesdienst über sich ergehen zu lassen, war – wie er uns später bekannte – der Anblick des langen Tisches an der einen Seite des Saales. Schüsseln und Teller ließen hoffen, daß vielleicht nach dem Amen noch etwas kommen würde . . .

Und so war es auch. Da wir vorher nie wissen, wieviel Leute am Heiligabend zu uns kommen, muß ich großzügig kalkulieren. Und wenn, wie so oft, der nahegelegene Supermarkt nach Geschäftsschluß am vierundzwanzigsten seine verderbliche Ware bei uns abgibt, mein Nudelsalat wie ein Hefeteig aufgeht und immer mehr wird, dann gibt es am ersten Feiertag nur ein Problem: Was machen wir mit den Resten?

Beat half uns beim Lösen dieser Aufgabe. Er nahm sich sogar etwas mit. Als er uns seine Situation dargestellt hatte, konnte er sich zumindest in den kommenden Tagen von Pfefferkuchen und Mandarinen ernähren. Silvester gab es wieder irgend etwas Leckeres zwischen Jahresschlußversammlung und Mitternachtsgebetsstunde; Beat war sich noch nicht einmal sicher, ob er sich nun wegen der Gottesdienste oder »nur« wegen des Essens so oft bei der Heilsarmee herumtrieb. Denn langsam kehrten nicht nur Erinnerungen an längst vergessengeglaubte Gotteserfahrungen zurück, sondern auch die Sehnsucht danach.

Beat kam in einer Versammlung nach vorne und machte einen neuen Anfang mit Jesus. Ein paar Tage danach war er verschwunden. Wir fanden es sonderbar, aber dachten nicht weiter darüber nach. Um so mehr waren wir überrascht, als Monate später ein Brief aus der Schweiz im Postkasten lag. Er war von Beat, der glücklich von seiner Familie berichtete, von ihrer Vergebung, von der Gemeinde und seinen Erfahrungen mit Gott.

William Booth hat einmal gesagt: »Einen leeren Magen kann man nicht anpredigen.« Er täuschte sich, zumindest im Falle von Beat, den der Hunger zur Predigt trieb. Aber ich weiß schon, wie er es meinte. Erst die Suppe. Dann die Seife. Und so Gott und der Empfänger auch wollen – beim ersten setze ich das voraus – das Seelenheil.

Halleluja-Polonaise

Ein Alkoholiker kann sich in der Regel gut vorstellen, einen Tag, eine Woche ohne Alkohol auszukommen. Aber Silvester ohne Sekt? Hochzeit feiern? Sich amüsieren ohne Hochprozentiges geht doch gar nicht, oder?

Und wie das geht! Echte Freude braucht keinen Geist aus der Flasche, sondern den Geist Gottes, zu dessen Frucht Freude gerechnet wird. Einem Gottesdienst, in dem nicht wenigstens einmal herzlich gelacht wird, fehlt etwas. Wenn Christen zusammenkommen, darf die Freude nicht weit sein. Manchmal ist sie tief im Herzen verborgen und sprudelt nicht gleich an die Oberfläche. Aber vorhanden muß sie sein, trotz allem Weh der Welt und manchmal auch des persönlichen Lebens. Und wenn die Freude an die Oberfläche drängt und die Gemeinde erfaßt – wo soll denn Freude eher zu finden sein als im Hause Gottes?

Manchmal bekommt mein Mann im Gottesdienst ein gewisses Glitzern in den Augen. Wenn die Versammlung ermutigend war, wir viel Grund zur Dankbarkeit haben und die Musikkapelle auch noch ein flottes Schlußlied spielt, ahne ich schon, was gleich passiert. Er schnappt sich die Fahne und marschiert im Gottesdienstraum auf und ab, durch den Mittelgang, an den Seiten – und die halbe Gemeinde hinterher, lachend und klatschend und die Schüchternen mit sich ziehend. Eine Art »Halleluja-Polonaise«! Wenn es Sie schon beim Gedanken schüttelt, kann ich Sie beruhigen: ich bin noch nie mitgegangen. Ich klammere mich am Rednerpult fest und leite den Gesang, während mein Mann seiner sportlichen Betätigung nachgeht. Es ist eine alte Gewohnheit aus früheren Heilsarmeetagen, in Deutschland fast ausgestorben, aber in Hamburg noch – oder wieder – lebendig. Ob es in Ihrer Gemeinde angebracht wäre, müssen Sie selber wissen ...

Humor im Gottesdienst

Da war zum Beispiel sonntagsabends ein stark angetrunkener Mann in unserer Versammlung. Er krakeelte ein bißchen zu viel, und Dankmar Fischer – ein Mann von fast zwei Metern – beschloß, ihn zu entfernen. Die beste Methode dafür, so hatte er herausgefunden, ist ganz einfach, den Störenfried mitsamt dem Stuhl zu packen – zwischen den Knien, so daß er gar nicht erst herunterfallen kann – und vor die Tür zu setzen. Die paar Male, wo er es machen mußte, gingen auch glatt, bis auf das eine Mal, wo er im Vorbeigehen etwas zu nah an eine Säule geriet und der »Verschleppte« sich geistesgegenwärtig daran festklammerte. Aber an dem Sonntagabend, von dem ich erzählen will, ging alles tadellos. Nur: in dem Augenblick, wo Dankmar den Stuhl packte, war gerade die Schriftverlesung im

Gange. Ein junges Mädchen las die Worte: »Nimm auf dein Bett und wandle.« Das Kichern wurde allenthalben zu einem lauten Lachen ...

Besonders freuen sich im Gottesdienst unsere Afrikaner. Wahrscheinlich wird in den Ihnen bekannten Gemeinden die Kollekte mit einem sittsam durch die Reihen gereichten Korb eingesammelt. In Ghana macht man aus der Kollekte ein Fest. Vorne steht ein Korb – oder, weil in Ghana die Kollekte oft in Naturalien gegeben wird, mehrere große Körbe –, die Gemeinde fängt an, ein mitreißendes Lied zu singen, und alle, alle tänzeln, einer nach dem anderen, nach vorne, um eine Gabe in den Korb zu legen. So kann das Kollekte-Einsammeln bei größeren Veranstaltungen wohl eine Stunde dauern. Aber Freude macht es, auf diese Art zu geben!

Ich war nie in Ghana. Doch afrikanische Versammlungen haben wir in Hamburg auch.

Es fing damit an, daß ein ghanaischer Asylbewerber bei uns auftauchte, der sogar eine blütenweiße Uniform mitgebracht hatte. Zwar waren bereits vorher Afrikaner bei uns, die von ihrer Zugehörigkeit zur Heilsarmee materielle Vorteile erhofften, aber es hatte sich mit der Zeit immer herausgestellt, daß die »Zugehörigkeit« sehr locker gemeint war und sich meistens auf einen Aufenthalt in einer heilsarmeeigenen Grundschule als Kinder beschränkte ... Doch mit Daniel war es anders. Nachdem er die Offiziersschule der Heilsarmee in Ghana besucht hatte, war er nicht Heilsarmee-Offizier geworden, sondern Hilfsgeistlicher beim Militär. Und irgendwie war er im Strudel der sich ablösenden Militärregierungen in den Verdacht geraten, einen Putschisten für eine Nacht versteckt zu haben. Er wurde gesucht. Und floh nach Deutschland.

Nun weiß ich wohl, daß es zur Asylantenfrage viele verschiedene Meinungen gibt. Manche Geschichten werden wahr sein, andere weniger. Mir ist es persönlich immer belanglos erschienen, ob einer vor politischer Verfolgung flieht oder weil seinen Kindern der Hungertod droht, doch ich kann auch die anderen Argumente verstehen.

Die deutschen Behörden sahen auf jeden Fall keine Gefahr für Daniel und wollten ihn nach Ghana zurückschikken. Für mich aber war die Situation spätestens in dem Augenblick klar, als die Heilsarmee in Ghana Daniels dort zurückgelassene Töchter auf eigene Kosten nach Frankfurt fliegen ließ, weil der Onkel, der sie in Pflege genommen hatte, inzwischen verhaftet und verschwunden war. Die Heilsarmee hat in keinem Land – in Afrika erst recht nicht – das Geld, Kinder um die halbe Welt fliegen zu lassen, wenn nicht Gefahr droht ...

Und noch einen weiteren Grund hatten wir inzwischen, für Daniels Hierbleiben zu kämpfen: eine afrikanische Gemeinde! Ob Sie eingefleischter Lutheraner sind oder ein etwas »geschlossenerer« Brüdergemeinde-Bruder – Sie werden vielleicht verstehen: Ihre Art, Gottesdienste zu feiern, ist nicht jedermanns Sache! Afrikanischen Asylanten, Studenten, Geschäftsleuten, die gewohnt sind, sonntags in die Kirche zu gehen, stehen natürlich die Portale der Hamburger Kirchen weit offen. Nur: Deutsch verstehen sie in der Regel nicht, Choräle kennen sie nicht, und wenn sie nicht zufällig in die richtige Kirche hineingetauft worden sind, steht ihnen auch die Mitgliedschaft und damit die Teilnahme am Abendmahl nicht zu. Natürlich gibt es in Hamburg die englischsprachige anglikanische Kirche, in der manche Afrikaner ihre geistliche Heimat finden. Aber auch diese Kirche ist liturgisch geprägt; die vielen afrikanischen Freikirchler müßten nicht nur eine europäische Denkart lernen, sondern sich auch merken, wann sie aufzustehen, hinzusetzen, niederzuknien haben. (Übrigens, falls Sie einmal in einer anglikanischen Kirche zu tun haben: Man steht grundsätzlich zu allen Liedern und sitzt meistens für die Schriftlesung. Die deutsche Sitte, es gerade umgekehrt zu tun, ließ mich häufig erröten, bis ich die Regeln begriffen hatte.)

Daniel also kam zur Heilsarmee. Er verstand kein Wort. Aber die Melodien vieler Lieder erkannte er – wir singen oft Lieder aus dem angelsächsischen Raum –, und er erkannte die blau-gelb-rote Fahne und die Bußbank. Jeder Heilsarmeesaal auf der ganzen Welt muß drei Dinge vorweisen können: eine Fahne, ein Wappen und eine Bußbank.

Die Bußbank ist eine Gebetsbank, zu der am Ende einer Heilsarmee-Versammlung Menschen eingeladen werden, die ein seelsorgerliches Gespräch suchen.

Rednerpult? Ist nicht immer vorhanden. Stühle? In Indien sitzt man auf der Erde. Altar? Kennen wir keinen. Nur diese drei müssen sein: Wappen, Gebetsbank und Fahne.

Aber das wußten die Afrikaner nicht, die von Daniel zur Versammlung eingeladen wurden. Sie wußten nur, daß ab und zu ein Lied gesungen wurde, das sie von zu Hause kannten und daß es niemanden störte, wenn sie laut »Amen!« sagten oder sich zu einem schwungvollen Lied sanft hin- und herbewegten. So hatten wir im Laufe der Zeit immer sieben oder acht Ghanaer in der Versammlung. Verstehen konnten sie nichts, nur auf ein ihnen bekanntes Lied hoffen.

Daniel war bereit, eigene Gottesdienste für die Afrikaner zu veranstalten. Wir beteten viel darüber, denn es existierten in der Hansestadt bereits drei afrikanische Gemeinden: eine lutherische, eine katholische, eine pfingstlerische. Sollte noch eine dazukommen? Aber die lutherische war sehr lutherisch, die katholische sehr katholisch, die pfingstlerische ...

Ich wurde Gemeinde-Mami für dreißig bis fünfzig Ghanaer. Im ersten Jahr traf man sich jeden Sonntag bei uns in der Talstraße; inzwischen ist man zur Freien evangelischen Gemeinde ausgewichen, weil unsere Lage auf dem Kiez und das Abtasten der jungen schwarzen Gottesdienstbesucher durch Polizeistreifen auf der Suche nach Rauschgifthändlern etwas lästig wurden.

Mittlerweile haben wir für Daniel eine Aufenthaltserlaubnis erwirken können, damit er den geistlichen und sozialen Problemen der entwurzelten Afrikaner begegnen kann. Er besucht sie im Krankenhaus, im Gefängnis. Wenn sie nach Hause geschickt werden, ist er oft der einzige am

Flughafen, um sie zu verabschieden. Weil die Heilsarmee keine Sakramente austeilt, hat unsere afrikanische Gruppe keine Probleme mit der Tauffrage; ich habe fast mehr schwarze Babys unter Gottes Segen gestellt als weiße.

Inzwischen gibt es eine wöchentliche Bibelstunde, einen Frauenkreis und eine (mitreißende!) Musikgruppe. Die auch nötig ist, denn zu einem afrikanischen Gottesdienst gehört Musik und Tanz und Freude. Der Himmel über Hamburg mag verhangen sein, die Spitze des Michels im Nebel verschwunden, aber wenn die Trommeln den Takt anschlagen und das Saxophon die Melodie aufnimmt, vergessen die Versammlungsbesucher ihre ungeklärte Situation, die unglückliche Ehe mit einem Deutschen, das Heimweh nach Zuhause. Und mancher Deutsche vergißt seine Hemmungen und drückt auch mit dem Körper seine Freude an Jesus aus!

Mit dem Saxophon verbindet sich eine Geschichte. Als vor einigen Jahren die African Salvation Fellowship in Hamburg offiziell ihren Anfang nehmen sollte, wollte Daniel, zumindest bei der Eröffnungsfeier, »richtige« afrikanische Musik haben. Er bestellte dafür drei Profi-Musiker, die sonst in den Bars und Kneipen St. Paulis afrikanische Tanzmusik machten, und nahm eine Extra-Kollekte, um sie zu bezahlen. Sie waren pünktlich zur Stelle, um die gewünschten Lieder einzuüben, und gaben sich ansonsten völlig uninteressiert. Im Laufe der Versammlung aber fiel mir auf, daß der junge Saxophonist manche Chorusse gleich auf Anhieb mitspielte.

Nachher fragte ich ihn: »Gehen Sie auch zur Kirche?«

»Nein.«

»Woher kannten Sie dann die Melodien?«

»Ahhh ... Von früher halt.«

»Ach, früher hatten Sie etwas mit den Christen zu tun?«

»Naja, früher ... war ich aktiv in der Gemeinde ...«

»Aber jetzt nicht mehr?«

»So 'n Kram hab' ich nicht mehr nötig ...«

Ich war nicht die einzige, der der Saxophonist aufgefallen war. Daniel setzte ihn oben auf seine »Prioritätenliste« und hatte nach einigen Wochen die Freude, ihn in die Gemeinschaft mit Jesus zurückzuführen. Jetzt ist er für die Musik in der Fellowship verantwortlich. Und die »geht ab«, wie man heute sagt!

Weihnachtsfeier für »Weihnachtslose«

Weihnachten ist sicherlich des Deutschen liebstes Fest. Mir ist persönlich das Osterfest immer lieber gewesen – und ganz ehrlich, ich habe bei all den Feiern, Bescherungen und Andachten eigentlich nur Einkaufslisten, Regieanweisungen und mögliche Pannen im Kopf. Haben wir an den gedacht? Ist die Spülmaschine vorgeschaltet, sind die Torten aus der Kühltruhe herausgeholt? Wird Maria rechtzeitig ihre Windpocken hinter sich bringen? Und was machen wir, wenn irgendein Angetrunkener den Weihnachtsbaum fällen will? Weihnachten für die Heilsarmee auf St. Pauli ist nicht geprägt von Stille und Beschaulichkeit.

Die Wochen im Dezember, wo viele an ihre Familien denken, im Freundeskreis unterwegs sind oder ihre Besuchstermine koordinieren müssen, können für andere zur einsamen Hölle werden. Wer – aus eigener oder fremder Schuld – keine guten Beziehungen zur eigenen Familie hat, wird in der Weihnachtszeit besonders schmerzlich daran erinnert. Glockengeläut und Gänsebraten auf der einen, ein einsames Pikkolo vorm Fernseher oder eine kreisende Weinjolle unter der Brücke auf der anderen Seite – soziale Kontraste bergen gerade zu Weihnachten Explosionsstoff in sich. Deswegen wohl sehen es Pastoren und andere Christen als ein Vorrecht an, ihren Anteil an der Entschärfung anzubieten. Insofern ist unser Weihnachtsfest nicht viel anders als in manchen anderen Gemeinden: Seniorenfeier, Christmette, Krippenspiel . . . Aber einiges ist vielleicht doch von Interesse für Sie, und deshalb will ich es Ihnen beschreiben.

Weihnachten ist für mich zunächst eine Sache von Listen. Welche Feiern, wann, mit wem und, nicht zuletzt, womit. Ich habe fast jedes Jahr den Eindruck, daß ich den Großmarkt saniere, so viel trage ich da heraus. Oft frage ich mich, ob nicht weniger mehr wäre. Aber dann schaue ich mir die Rentnerinnen an, die von ihren spärlichen Pensionen auch noch die Sonderwünsche ihrer Enkelkinder mitfinanzieren sollen. Oder die Schwachen, Labilen, die nie etwas anderes als Sozialhilfeempfänger sein werden. Soll nicht ein kleines bißchen Weihnachtsglanz auch auf sie abfallen? Und ich erwische mich dabei, daß eben eine bessere Schinkensorte in den Einkaufswagen gepackt wird – und eine Lage Lachs dazu.

Neben den üblichen Weihnachtsfeiern der verschiedenen Gemeindekreise gibt es bei der Heilsarmee St. Pauli besondere Obdachlosen-Weihnachtsfeiern. Inzwischen auf vier hintereinander angewachsen, erfordern sie eine Menge an Planung, damit die an sich aggressive Stimmung nicht noch durch Organisationsfehler angeheizt wird.

Dann gibt es eine Feier für die Empfänger von Kleinrenten, bei denen ganz offensichtlich das beste Kleid frisch aus der Reinigung geholt und die Dauerwelle gebührend vor dem Hamburger Schmuddelwetter geschützt wurde.

Aber »meine« Weihnachtsfeier ist Heiligabend. Nicht, daß mir als Engländerin Heiligabend an sich überhaupt etwas bedeuten würde. Bei uns zu Hause ist der vierundzwanzigste Dezember mehr oder weniger ein Tag wie jeder andere; beschert und geschmaust wird am fünfundzwanzigsten. Als mein Mann und ich unser erstes Weihnachtsfest in Hamburg planten, war uns klar, daß wir den Heiligen Abend nicht beschaulich in unserer eigenen Wohnung verbringen würden.

Wir hatten Feiern für Kinder, für Rentner, für Obdachlose – was fehlte, war eine Weihnachtsfeier für Weihnachtsgegner!

Stellen Sie sich vor, Sie wollen vor dem ganzen sentimentalen Familiengetue im Fernsehen fliehen. Ihre Nachbarn knipsen ihren Plastiktannenbaum an. Die Lieblingskneipe hat zu oder – noch schlimmer – läßt ein Endlosband mit Glockengeläut und Knabenchor laufen. Oder die Montagearbeit in Hamburg zieht sich unerwartet hin, die Fahrt nach Hause für zwei Tage lohnt sich nicht, und Sie hocken in irgendeiner trostlosen Pension statt zu Hause mit Frau und Kindern. Wohin fliehen vor »Fröhliche Weihnacht überall«? Die Gaststätten sind geschlossen, die Läden auch. Aber auf St. Pauli, da wird was los sein!

Mitnichten! Viele Lokale haben zu, die Cabarets der Großen Freiheit sind in den Winterurlaub geflogen. Wer am Heiligabend auf St. Pauli die große Sause erwartet, liegt falsch. In der Herbertstraße schauen einige gelangweilte Damen aus ihren Schaufenstern. Von der Davidwache saust wieder ein Streifenwagen los. In irgendeiner Kneipe kracht es; dort hat sich die Friedensbotschaft der Engel noch nicht herumgesprochen. Und wenn dann in der Dämmerung am späten Nachmittag allenthalben die Weihnachtsbäume, die Fensterbeleuchtung und Kerzen angezündet werden, wenn man auch auf der Reeperbahn daran denken muß, daß gerade jetzt zu Hause ... dann wird auch der stärkste Weihnachtsgegner schwach. Er kann sich betrinken. Oder er kann der Einladung folgen, die die Heilsarmee am Vormittag an Bäumen und Laternen ausgehängt hat: »Heute abend allein? Wir warten auf Sie. Ihre Heilsarmee.«

So begannen die Weihnachtsfeiern für »Weihnachtslose«. Die meisten Mitglieder unserer Gemeinde waren verreist oder mit ihren Familien beschäftigt. Aber es sprach sich herum, daß wir Mitarbeiter suchten. Sie kamen – und was für welche! Menschen, denen Weihnachten selber ein großes Problem war. Singles aus frommen Gemeinden. Der ausgeflippte jüngste Sohn einer freikirchlichen Adelsfamilie, der Heiligabend nicht zu Hause mit den Eltern verbringen wollte. Gute Bekannte aus dem Gefängnis, die mit ihrem Weihnachtsurlaub nichts anzufangen wußten. Ihnen allen war gemein, daß sie Weihnachten am besten verkrafteten, indem sie anderen halfen. Obstsalat schnippeln, Brote belegen, Tische decken: der Nachmittag vergeht im Nu. Und wenn um 19.00 Uhr die Tür aufgemacht wird und eine bunte Mischung von Menschen in den Saal flutet, dann kommt man nicht zum Grübeln.

Am Anfang wußten wir nicht, ob überhaupt jemand kommen würde. Groß bekanntgeben konnten wir die Feier nicht, denn wenn die Teilnehmer der vier Obdachlosenweihnachtsfeiern auf einmal gekommen wären, hätte unser Fußboden nicht mehr getragen und wir wären allesamt im Keller gelandet.

Überhaupt – sie hatten ihre Feier gehabt. Wir wollten die anderen, die, die auf der Flucht vor Weihnachten waren. Damals meinte ich, daß es ein warmes Essen geben sollte. (Inzwischen sind wir auf ein vornehmes kaltes Büfett umgeschwenkt.) Die Frauengruppe der englischen Kirche am anderen Ende der Reeperbahn spendete dafür Geld, und ich kaufte vier Dosen mit jeweils zwanzig Rindsrouladen. »Herr«, betete ich, »du weißt, wir haben keine Ahnung, ob und wenn, wie viele Leute kommen. Aber bitte laß es nicht mehr als achtzig sein, denn ich habe nur achtzig Rouladen!«

Gekommen sind neunundsiebzig. Hatte der Herr sich verrechnet? Natürlich nicht. Beim Erwärmen war mir eine Roulade in viele kleine Stücke zerbrochen!

Über die Jahre wurde die Nachricht über das Weihnachtsfest in der Talstraße wohl unter der Hand weitergegeben, denn inzwischen kommen zweimal soviel. Die Gemütlichkeit der ersten Jahre ist leider verschwunden; die Mitarbeiter kommen kaum dazu, sich zu den Gästen zu setzen und mit ihnen zu plaudern. Aber immer wieder bin ich fasziniert, was für Leute den Weg zu uns finden.

Am ersten Heiligabendfest kam eine Dame von der Oben-ohne-Bar schräg gegenüber in ihrer Dienstkleidung. Wir mußten ihr eine Bluse aus der Kleiderkammer besorgen, denn die Aufmerksamkeit der Männer ließ sehr zu wünschen übrig . . .

In einem Jahr hatten wir einen Herrn in Frack und Zylinder, Punker mitsamt Ratten und eine sehr schwangere Frau, von der ich fast annahm, daß sie ihr Christkind direkt bei uns im Saal bekommen würde ...

Einmal stürzte eine Frau mit zwei Kleinkindern an der Hand gleich beim Betreten unseres Hauses auf mich zu. »Haben Sie einen Weihnachtsbaum?«

»Ja, natürlich.«

»Gott sei Dank!« sagte sie und verschwand mit ihren beiden Kindern in den Saal.

Später hatte ich Zeit, von Tisch zu Tisch zu gehen und mit den einzelnen ein paar Worte zu wechseln. Ich fand die beiden Kinder fast unter der raumgroßen Tanne. Passiert war folgendes: Die Mutter, alleinerziehend, lebte von Sozialhilfe. Ihre Kinder waren gerade in dem Alter, wo sie zum ersten Mal mitbekommen, wie Weihnachten gefeiert wird, und hatten die Mutter gelöchert, wann endlich ihr Weihnachtsbaum käme. Die Mutter hatte sie vertröstet. Bei ihr zu Hause hätte es immer erst am Heiligabend den Baum gegeben. Sie hoffte und sparte. Aber es reichte nicht. Heiligabend kam – und kein Baum war da. Am Nachmittag nahm sie ihre Kinder auf einen Spaziergang, weg von der weihnachtsbaumlosen Wohnung. Und sah unsere Einladung.

Die beiden waren selig. Als sie ihre Mutter anstrahlten und wie aus einem Munde meinten: »Kein Kind im Kindergarten hat sooo einen großen Baum wie wir!«, da verschlug es sogar mir fast die Sprache!

Wenn es auch stimmt, daß Weihnachten für mich in erster Linie eine Angelegenheit der sorgfältigen Planung ist, so gibt es eine Sache, die ich grundsätzlich nicht plane: Geschenke für unsere Gäste am Heiligabend. Wir kaufen sie nicht. Es ist Gottes Sache, für die Geschenke zu sorgen, und er hat uns nie im Stich gelassen.

Einmal war es ein Laden, der kurz vor Weihnachten eine Riesenlieferung Mützen und Schals abgab. So einen warmen Winter hatten die Bewohner vom städtischen Obdachlosenasyl wohl selten!

Ein anderes Mal war bis Heiligabend vierzehn Uhr noch

nichts gekommen. Langsam wurden wir unruhig. Hätten wir vielleicht doch lieber ...? Aber mitten in die Brotschmier-Arie klingelte das Telefon. Ein Bäcker hatte Unmengen von Riesenlebkuchenherzen übrig, ob die Heilsarmee sie wohl abholen wollte?

Nur einmal habe ich für Heiligabend Geschenke gekauft. Irgendwann hatte ich einem Rundfunk-Reporter von Gottes Organisationstalent in Sachen Heiligabend-Geschenke erzählt. Ohne mein Wissen wurde dieses Interview auch in Süddeutschland ausgestrahlt, und ich bekam kurz vor Weihnachten einen Anruf aus der Gegend. Die Frau erzählte mir, sie habe den Eindruck, dieses Jahr sei sie das ausführende Organ Gottes, aber zeitlich reiche es nicht mehr zum Päckchenpacken. Ob ich für sie für Heiligabend einkaufen könne, wenn sie tausend Mark überwiese? Kein Problem.

Nicht kneifen

In der Geschichte vom barmherzigen Samariter gibt es immer wieder Kleinigkeiten, über die ich stolpere. Zum Beispiel, daß der Helfer den Verwundeten auf sein eigenes Reittier setzte. Wie oft lesen wir in Zeitungen, daß Autofahrer ein Unfallopfer liegenlassen, weil sie die Polsterbezüge ihres Wagens nicht beschmutzt haben möchten! Aber solche Gedanken waren dem Samariter fremd, wie sie ja dem Erzähler der Geschichte erst recht fremd waren.

Paulus schreibt an die Philipper: »Habt im Umgang miteinander stets vor Augen, was für einen Maßstab Jesus Christus gesetzt hat.« Unsere Gesellschaft denkt eher an Selbstverwirklichung als an Selbstverleugnung, an Verdienen mehr als an Dienen, an Lastenausgleich mehr als an Lasten tragen. Aber ich bin überzeugt, Jesus erwartet von seinen Jüngern, daß sie Lasten tragen können. Wobei klar ist, daß er mitträgt, sogar das schwerere Ende!

Es tut mir leid, wenn ich Christen erleben muß, die vor

jedem bißchen Verantwortung kneifen, die bei jedem Wehwehchen körperlicher oder geistlicher Art gleich zum Spezialisten laufen oder bei Wolken am Horizont in tiefe Depressionen fallen. Uns ist kein Leben auf Rosen versprochen, aber auch keins in der Müllgrube. Gott will stabile Kinder, fähig und willig, die Lasten anderer mitzutragen. Mittragen heißt aber auch, sich selbst in die Waagschale zu werfen, selber – um im Bild des Samariters zu bleiben – zu Fuß zu gehen, während ein anderer mein Reittier benutzt.

Glücklicherweise habe ich soviel Freude an meiner Arbeit, daß mir selten der Gedanke kommt, ich könnte dabei vielleicht auf irgend etwas verzichten. Wenn ich meinen ursprünglichen Berufsplänen gefolgt wäre, säße ich jetzt irgendwo in Großbritannien und unterrichtete deutsche Grammatik. Ist es denn ein großes Opfer, im grauen St. Pauli zu leben, weitab von Gärten und grünen Bäumen? – Ich denke, es ist nicht der Rede wert. Lasten sehen anders aus.

Eine Last ist es zum Beispiel, wenn jemand einen Rückfall erleidet. Wenn jemand, der so hoffnungsfroh mit Christus angefangen hat, wieder anfängt zu trinken. Wenn ein junges Mädchen mir sagt, daß sie nicht mehr an Gott glaubt. Wenn stundenlange seelsorgerliche Gespräche über viele Monate im Nichts enden.

Eine Last ist es, wenn man schweigen muß. Wenn man wie ein Müllschlucker zu funktionieren hat, ohne daß die Mülltonne geleert wird. Wenn man mit niemandem – außer Gott – besprechen kann, was man hörte oder erfuhr.

Eine Last ist es, wenn gerade Menschen mir Schaden zufügen, denen ich versucht habe zu helfen.

Als unser Haus von einem Brandstifter zum dritten Mal angezündet wurde, lag ich mit einem MS-Schub im Krankenhaus. Am Tag nach dem Brand bei uns brach auch in diesem Krankenhaus Feuer aus. Ich wurde sehr besorgt gefragt, ob ich mir denken könnte, daß der Brand im Krankenhaus vielleicht mir galt.

Es war nicht so – der Tatverdächtige hatte für die betreffende Zeit ein einwandfeies Alibi (er war mit meinem

Mann zusammen!). Trotzdem war es in dem Augenblick ein eigenartiges Gefühl, überhaupt in Erwägung zu ziehen, daß mich jemand eventuell so hassen könnte …

Gott lädt uns eine Last auf – aber er hilft auch!

Live

Hingehen – nicht nur zu Berbern und verkorksten Jugendlichen, sondern zu allen Menschen: das möchte ich. Zu denen, die meine Hilfe brauchen, aber auch zu solchen, von denen ich lernen kann, die mir helfen können. Glücklicherweise fällt es mir meistens nicht schwer, auf Unbekannte zuzugehen. Gemeinden, die exklusiv in ihrem Elfenbeinturm »Gemeinschaft« pflegen, haben für mich keine Anziehung. Ein Seniorenkreis, wo einem Neuling nur »Dieser Stuhl ist besetzt!« entgegentönt, verdient es, auszusterben. Eine Gemeinde, die nicht nach außen offen ist, schmort im eigenen Saft.

Allerdings haben unsere Kontakte zu allen möglichen – und manchen unmöglichen – Leuten in Hamburg sich selten konkret als »Bekehrungsfälle« entwickelt. Zumindest nicht, soweit wir es wissen. Aber wenn wir schon ein Mosaiksteinchen auf dem Weg eines Menschen zu Christus hin sein können, sind wir froh.

Inzwischen müssen es schon Tausende von Bundeswehrsoldaten sein, die bei der »anderen Armee« zu Besuch waren. Einer der Pastoren der Evangelischen Militärseelsorge fragte einmal nach, ob er mit einer Rüstzeitgruppe vorbeischauen könnte, um sich über die Heilsarmee zu informieren. In der Nähe von Hamburg finden die meisten norddeutschen Soldatenrüstzeiten statt, und an einem Tag wird gern ein Ausflug nach Hamburg gemacht.

So saßen an einem Vormittag 25 »W-15er«, Wehrpflichtige, die ihre fünfzehn Monate »abreißen« mußten und ohne größeres religiöses Interesse sich für die Rüstzeit gemeldet hatten, um einmal für fünf Tage aus der Kaserne wegzukommen, im Saal der Heilsarmee. Und stellten fest, daß ihre Vorurteile über die Frommen nicht so hieb- und stichfest waren. Man unterhielt sich über Ursprung und Aufgaben der Heilsarmee, über »den Glauben, der dahintersteckt«, über Uniform und Beförderung, »Verwendungsstau« und Verwaltungsaufwand. Und ich hatte Gelegenheit, zu erzählen, wie Jesus Christus sich in meinem Alltag als der Herr, der alles kann, erweist.

Irgendwann gab es dann ein Treffen vieler norddeutscher Militärgeistlicher. Am Abend – vielleicht im gemütlichen Kaminzimmer – kamen die Herren miteinander ins Gespräch. »Und was machen Sie, lieber Herr Kollege, wenn Sie in Hittfeld Ihre Rüstzeiten haben? Wo gehen Sie mit den Jungs hin?« »Meistens besichtigen wir die Alsterdorfer Anstalten.« »Ich gehe mit meinen zum Orgelkonzert in den Michel – ja, und einmal waren wir bei der Heilsarmee in St. Pauli zu Besuch.« »Ach? Und wie war's? Könnten Sie mir vielleicht da die Telefonnummer geben . . .?«

So wurde ich als Geheimtip der Streitkräfte gehandelt. Von Celle und von Bremen, von Fliegerhorsten auf dem platten Lande, aus Ostfriesland und Hannover kommen immer wieder Bundeswehrgruppen, mit denen wir reden dürfen. Manchmal sind es auch Zeitsoldaten oder Offiziere, Feldjäger oder Abwehrexperten («aber das ist streng inoffiziell!«). Einmal waren dreißig ältere Feldwebel zu Besuch, Spieße. Da bekam ich Muffensausen, sie sahen etwas grimmig aus, diese »Mütter der Kompanie« . . .

Wo bin ich überall hingekommen, um über unsere Arbeit zu berichten – und nebenbei eine gute Portion Evangelium durch die Kalte Küche zu liefern! Seniorenkreise der politischen Parteien, Landfrauenvereine, Konfirmandengruppen aus bester hanseatischer Nobelgegend. Rotaryclub, Bürgervereine, Guttemplergemeinschaften.

Eigenartig kam ich mir vor, als ich zum ersten Mal das große Logenhaus der Hamburger Freimaurer betrat. Ich weiß nicht, was ich erwartet hatte. Was ich vorfand, waren eine ganze Anzahl honoriger Herren, die interessiert zuhörten und sich ihrer humanistischen Gesinnung rühmten. Als ich allerdings arglos fragte, was denn die »Tempelarbeit« am Sonnabend sei, zu der die Herren eingeladen waren, änderte sich die freundliche Atmosphäre; es wurde um einige Grade kühler. Darüber könne und wolle man nicht sprechen ...

Bei allen Fragen, die wir Christen an das Freimaurertum haben – eine Frauenloge hat jahrelang zu Weihnachten Kuchen für die Heilsarmee am Heiligabend gebacken. Hätte ich den Nußkranz, die Käsetorte ablehnen sollen, bloß weil sie von Logenmitgliedern kreiert waren? Kann man Freimaurertum per Kuchenkrümel übertragen?

William Booth wurde oft der Vorwurf gemacht, er nehme das »schmutzige Geld« der Kneipen und Bordelle, der Rüstungsindustrie und der Schnapsbrennereien. George Bernard Shaw legte dieses Problem seinem Theaterstück »Major Barbara« zugrunde. Der pragmatische Heilsarmeegeneral hatte wenig Zeit für Grundsatzdiskussionen. Er nehme, sagte er, das »schmutzige« Geld, wasche es in den Tränen der Witwen und Waisen und benutze es zu ihrem zeitlichen und ewigen Wohlergehen. Sozusagen eine erste – positive – Geldwaschanlage. Das gleiche gilt für Leckereien aus der Loge.

Viel mehr Menschen aber, als ich mit den Informationsvorträgen erreichen kann, werden von den Medien berührt, Presse, Fernsehen, Radio. Es lohnt sich für christliche Gemeinden, sich nicht in ihren vier Wänden einzumauern, sondern ihre Nasenspitze in die Welt zu setzen. Allerdings weht dort oft genug ein kalter und für Christen ungemütlicher Wind. Schafft man es aber, die Antriebskraft des Windes zu gebrauchen, statt ständig gegen die Brise anzulaufen, kommt man mit Rückenwind natürlich schneller voran.

Nun muß ich gestehen, daß die Heilsarmee auf St. Pauli in dieser Hinsicht einen eingebauten Vorteil genießt. Es gibt scheinbar kaum einen Journalisten, der nicht auf das kalte Klischee abfährt: die Schwestern der Heilsarmee mit ihren hochgeschlossenen Uniformen und die weniger angezogenen Damen von der Reeperbahn. Wir können reden, wie wir wollen, auf Heilsarmeearbeit in anderen Städten und anderen Stadtteilen hinweisen: hören, schreiben, filmen will man nur auf dem Kiez.

Am Anfang unserer Zeit in Hamburg haben wir teures Lehrgeld bezahlen müssen. Wir waren zu unsicher, ja, auch zu naiv. Aber mit der Zeit macht es einem nichts mehr aus, wenn ein Mikrofon vor die Nase gehalten wird.

Etwas flau im Magen wurde uns aber doch, als wir die Mitteilung bekamen, das ZDF wolle die erste Sonntagsgottesdienst-Übertragung aus dem freikirchlichen Raum ausgerechnet bei uns gestalten. Damit startete das ZDF sozusagen einen Test-Ballon: Die Gottesdienste der Heilsarmee sind eben anders in der Form, wenn nicht im Inhalt, als die liturgischen Gottesdienste der Kirche. Elemente des Gesangs, der Gebete, der Verkündigung und des Zeugnisses werden vom Versammlungsleiter (der Fernsehfachmann sagte immer »Moderator« dazu!) locker miteinander verknüpft; eine Liturgie ist unbekannt. Nun war das ZDF neugierig, wie ihre Stammzuschauer reagieren würden auf einen Gottesdienst ohne die bekannten Choräle und liturgischen Sätze mit hohem Wiedererkennungswert ...

Mir hat es großen Spaß gemacht. Allerdings war es mein Mann, der tatsächlich vor der Kamera »live« den Moderator machte; meine Aufgabe hörte in dem Moment auf, wo das rote Licht auf Kamera I aufleuchtete und signalisierte: »auf Sendung«.

Zunächst einmal mußte jedes Wort schon vorher festgeschrieben werden, mußte entschieden werden, wer was singen würde, wer Zeugnis über seine Glaubenserfahrung geben durfte. Eine gute Fernsehübertragung wird minutiös geplant; jede Kamera weiß genau, was im nächsten Augenblick geschehen wird, fängt die interessante Solostelle des Euphoniums ein oder ein altes, vom Leben geprägtes Gesicht bei der entsprechenden Predigtstelle. Ja, der Kameramann weiß, was als nächstes geschehen soll.

Wir aber nur bedingt. Bei einer Live-Sendung kann alles

mögliche geschehen, besonders mit unserem Publikum. Schon allein deswegen hatten wir Eintrittskarten ausgeteilt, um am Sonntagvormittag einen guten Querschnitt unserer normalen Sonntagsabend-Teilnehmer zu erreichen. »Aber bitte so angezogen kommen wie sonst!« Wir befürchteten eine rege Tausch- und Leihaktion in den städtischen Obdachlosenasylen, um eine fernsehgerechte Garderobe zu präsentieren. Bereits um sieben Uhr am Sonntagmorgen stellten sich die ersten Fremden ein, die ohne Eintrittskarte an dem Gottesdienst teilnehmen wollten. Manch einer wollte die Gelegenheit wahrnehmen, Tante Frieda »in der Ostzone« zuzuwinken. Jemand anderes hatte einen göttlichen Auftrag zur Rettung der Welt, den er bei uns gleich millionenfach in die Wohnzimmer der Nation hineinbringen wollte; er konnte nicht verstehen, daß wir nicht gleich in Begeisterungsjubel ausbrachen. Da zeigte sich, daß es ein guter Rat gewesen war, Karten auszuteilen. Trotzdem konnten wir nicht für jeden garantieren, daß er nicht laut Unsinn brüllen, angetrunken irgend etwas Dummes anstellen oder schlicht und ergreifend schnarchen würde ...

Bei der Probe am Samstagabend erwies sich die nüchterne Architektur eines Heilsarmeesaals für die Kameramänner als problematisch. Hier fehlten die Nischen, die Altäre – die Kameras standen sich gegenseitig im Bild. Noch nachts wurden die Wohnungen im Haus durchgekämmt auf der Suche nach großen Topfpflanzen. Die Blumenhändlerin nebenan wurde aus dem Bett geklingelt, um das Schaufenster zu plündern. Unser Saal sah aus wie ein ins Kraut geschossenes Gewächshaus – aber man sah die Kameras nicht mehr!

Ein paar Minuten vor Sendebeginn – der Aufnahmeleiter hatte uns alle zum Durchatmen ermutigt – beteten wir, daß alles gut würde. Daß Gott verherrlicht würde, Menschen in ganz Deutschland und darüber hinaus gesegnet würden. Daß niemand laut Türen knallend zu spät käme. Und das Gebet wurde erhört!

Ein Dach über dem Kopf

Es ist etwas Besonderes um ein schützendes Dach. Sicherheit, Schutz – nicht zuletzt vor Regen –, Wärme. Was müssen das für verletzte Menschen sein, die lieber ohne ein Dach über dem Kopf leben? Was für Beweggründe hat derjenige, der das Angebot eines warmen, frisch bezogenen Bettes zugunsten einer Parkbank oder eines Hauseingangs ablehnt?

Angst vielleicht, vor zu vielen Fragen und Formularen. »Schlechte Erfahrungen« mit einer Hausordnung, die das Mitbringen von Alkohol verbietet. Negative Erlebnisse, die von »Zwangsandacht« bis zum Diebstahl und sexueller Belästigung reichen können. Oft gibt es auch für die Betreffenden keine logische Erklärung.

Ist es verständlich, wenn man das Schicksal solcher bewußt Obdachloser als selbstverschuldet abtut und zur Tagesordnung übergeht? Ich bin weder Sozialarbeiter noch Psychologe, aber wenn Sie mich fragen: Irgend etwas hat sie krank gemacht. Deswegen werde ich sie immer verteidigen gegen die Angriffe der Starken, Gesunden, die die lange Latte staatlicher und diakonischer Einrichtungen aufführen. Es ist richtig, daß ein Teller Suppe an der Grundproblematik obdachloser Menschen nichts ändert. Es ist ebenso richtig, daß qualifizierte Hilfsangebote vonnöten sind für die, die sich helfen lassen wollen. Aber so, wie ich mich gegen Zwangseinweisung in Arbeitslager wehren würde (das hatten wir schon mal, oder?), genauso sicher bin ich, daß wir Kranke nicht einfach ohne ein kleines Zeichen christlicher Nächstenliebe in ihrem Elend verkommen lassen dürfen.

Glücklicherweise gibt es immer wieder Menschen, die auf dem schlüpfrigen Weg in den sozialen Abgrund aufgehalten werden können, wenn ihnen rechtzeitig ein Dach über dem Kopf angeboten wird. Auch deshalb habe ich große Achtung vor allen, die in der Sozialarbeit tätig sind. An meinen Kollegen sehe ich, wie mühsam es sein kann,

Tag und Nacht mit den Heimbewohnern zusammenzuleben, ihre Aggressionen abzufangen, ihren Anforderungen gerecht zu werden, zwischendurch das Personal bei der Stange zu halten und den Durchblick in endlosen Pflegesatzverhandlungen zu bewahren ... Es wäre keine Arbeit für mich.

Aber es gibt eine dritte Kategorie: weder Heimbewohner noch bewußt obdachlos Bleibende, sondern Wohnungssuchende. Wir als Gemeinde in der Talstraße haben uns vorgenommen, gerade den Menschen zu helfen, die eine eigene kleine Einfachwohnung suchen. Das tun heutzutage viele, aber wer Sozialhilfeempfänger ist, vielleicht gerade aus dem Gefängnis kommt oder eine Zeit obdachlos gewesen ist, kommt ganz am Ende der Prioritätenliste im Maklerbüro! Er ist effektiv chancenlos.

Bewußt wurde uns das zum ersten Mal, als wir Harry kennenlernten. Harry war gelernter Maler und aus hier nicht weiter zu nennenden Gründen abgesackt. Aber als er aus dem Abgrund wieder ans helle Tageslicht der Gesellschaft klettern wollte, stellten sich unerwartete Hindernisse in den Weg. Gute Zeugnisse konnte er vorweisen, und er hätte ohne Schwierigkeit eine neue Arbeitsstelle bekommen, wenn nicht die Adresse gewesen wäre. Denn im städtischen Obdachlosenasyl kann man sich nicht polizeilich anmelden. »Ja, verstehen Sie, Herr ...: Ich würde Sie gerne einstellen, aber gerade in unserem Handwerk, wo wir in der Privatwohnung der Kunden arbeiten, muß ich doch auf einen festen Wohnsitz meiner Mannschaft achten ...«

Harry hatte eine Allergie gegen Heime aller Art. Er hatte die ersten achtzehn Jahre seines Lebens in verschiedenen Kinderheimen verbracht, war dann bei der Bundeswehr und auch mal im Erziehungsheim. Das Sozialamt hätte ihn schon irgendwo in ein Wohnheim eingewiesen – aber Harry sperrte sich. Wer im Heim großgeworden ist, zieht eher zu »Mutter Grün« als in ein weiteres Heim.

Schließlich fand er auch von der Obdachlosenunterkunft aus eine Arbeitsstelle. Der Dienstbeginn um sieben

Uhr morgens erwies sich als Problem: Im 6-Bett-Zimmer wollte nur einer vor Mitternacht schlafen! Harry kam ein paarmal zu spät zur Arbeit – und war sie los.

Damals nahmen wir uns vor: Die erste kleine Wohnung, die bei uns im Hause frei wird, ist unsere! Inzwischen sind es vier Wohnungen, die das Korps (die Gemeinde) angemietet hat und an jüngere Menschen untervermietet, die eine eigene Wohnung, aber auch ein wenig Betreuung »an der langen Leine« brauchen. Meistens bekommen wir die Miete; manchmal allerdings kommt etwas dazwischen ...

In letzter Zeit sind die Untermietverträge in normale Mietverträge umgewandelt worden, denn die jetzigen Wohnungsinhaber sind stabil und brauchen keine schützende Hand mehr.

Aber was haben wir im Laufe der Jahre für Mitbewohner in unserem Haus gehabt! Einer verließ uns gleich in Richtung Gefängnis, ein anderer zur Heilsarmee-Offiziersschule. Manche blieben ein paar Wochen, Monate; andere wohnen seit vier oder fünf Jahren im Haus.

Mit der Zeit entwickelte ich ein Gespür dafür, ob meine jungen Hausbewohner wirklich nur ein Bügeleisen oder drei Eier ausleihen wollten, oder ob sie eigentlich sagen wollten: »Ich hatte heute einen schlimmen Tag auf dem Amt. Lad mich doch mal zu einem Kaffee ein und frag mich bitte, wie es mir geht!«

Leider mußte vor einigen Jahren das zweite Männerheim der Heilsarmee in Hamburg geschlossen werden. Im Sozialamt war man der Meinung, daß das Bettenangebot zu groß sei; man wolle die Menschen nicht institutionalisieren und daher lieber in leerstehende Sozialwohnungen einquartieren. Grundsätzlich ist es selbstverständlich besser, in einer eigenen Wohnung zu leben als in einem egal wie gut geführten Heim. Aber die Wirklichkeit sieht so aus, daß wir leider immer eine Gruppe Bürger haben werden, die nicht fähig sind, ihr Leben allein zu meistern. Die das erst lernen müssen – und vielleicht nicht einmal das schaffen! Wenn das Sozialamt jedem von ihnen nicht nur eine Wohnung, sondern auch einen täglich anwesenden Sozialarbeiter zur Seite gestellt hätte, der mit eingekauft, Wäsche gewaschen, Streit mit der Nachbarin geschlichtet hätte ..., dann wäre das eine optimale Betreuung. Statt dessen erleben wir folgendes:

Richard war ein sehr einfach strukturierter junger Mann. Er wohnte eine Weile in einem Heilsarmeeheim und kam während dieser Zeit zu den Veranstaltungen unserer Gemeinde. Plötzlich war er verschwunden. Wir sahen ihn ein paar Jahre nicht mehr. Dann tauchte er auf einmal in der Mönckebergstraße auf, während wir dort zum Einsatz waren. »Hallo«, sagte er und strahlte uns an. »Ich bin jetzt wieder in Hamburg. War eine Weile unterwegs in Schleswig-Holstein, aber jetzt bin ich wieder hier. Hab' 'ne Wohnung!«

»Oh, toll! Eine eigene Wohnung?«

»Ja, hat mir das Sozialamt gegeben. In Billstedt draußen.«

»Soso. Und was machst du jetzt hier in der Innenstadt?«

»Tja, da wollte ich Brot kaufen. Da muß ich doch ins Kaufhaus, nicht?«

Ich versuchte ihm zu erklären, daß er Brot günstiger und einfacher in dem Stadtteil kaufen könne, wo er jetzt wohne.

Er schüttelte den Kopf. »Ja? Ich weiß nur, daß man in dem Kaufhaus da vorne Brot kaufen kann! Das wußte ich nicht, daß man das auch woanders kriegt ...«

Wie lange, dachte ich so bei mir, wie lange dauert Richards Selbständigkeit, bevor sie ins Chaos abgleitet?

Inzwischen gibt es weder in Hamburg noch sonstwo leerstehende, bezahlbare Wohnungen. Jeder Christ muß sich vor Gott fragen, ob er ein guter Haushalter Gottes ist, auch im Hinblick auf Wohnraum. Ist die Zweit- oder Ferienwohnung gerechtfertigt, wenn in den Großstädten hundert Interessenten auf eine Anzeige kommen? In Hamburg haben wir die Konsequenzen aus dieser Frage gezogen und die Jugendräume vom dritten Stock in den Keller verlagert, damit ursprünglicher Wohnraum auch wieder Wohnraum wird.

Denn ohne ein Dach überm Kopf zu leben, ist schlimm.

Folgekosten

Das Problem mit Menschen ist, daß man sich um sie kümmern muß. Sachen kann man in die Ecke abstellen und – wenn's beliebt – zur gegebenen Zeit ein wenig angestaubt wieder hervorkramen. Mit Menschen ist es umständlicher.

Ich weiß nicht, ob der barmherzige Samariter sich darüber klar war, als er die Zügel seines Reittiers auf der Jerichostraße anzog. Nicht nur Erste Hilfe an Ort und Stelle, ein unerwarteter Fußweg – die Bibel erzählt, daß seine Pflegearbeit auch im Hotel weiterging. Ich schreibe mit Bedacht »Pflegearbeit«. Denn das Versorgen eines Schwerverwundeten vor der Erfindung von Penizillin, Katheter und Einwegspritzen war in der Tat eine schwere Arbeit. Aber wie auch immer, ob vorhergesehen oder nicht, er übernahm die Aufgabe. Um ehrlich zu sein: Manchem wäre ich in meinem Leben nicht zu Hilfe gekommen, wenn ich gewußt hätte, was damit auf mich zukam!

Einmal sprach uns in der U-Bahn ein hochgewachsener junger Mann an. (Wenn wir es nur fertigbrächten, häufiger mit öffentlichen Verkehrsmitteln zu fahren, würden wir wohl die Vorteile unserer Uniform besser nützen können!) Er sollte am nächsten Tag in das Jakob-Junker-Haus, das therapeutische Heim der Heilsarmee in Hamburg, eingewiesen werden und wollte die Gelegenheit nutzen, etwas mehr über diese eigenartige Armee herauszufinden.

Wir gaben ihm die gewünschte Auskunft und luden ihn natürlich zu den Versammlungen in der Talstraße ein. Bereits am gleichen Abend erschien er; auch am nächsten Sonntag, dem ersten Advent, war er zur Stelle. In der Heilsarmee ist es am ersten Adventssonntag Brauch, an die Versammlungsbesucher Tannenzweige mit Adventsverheißungen und Kerzen auszuteilen. In Hamburg halten wir es so, daß das jüngste Kind seine Kerze am ersten Licht des Adventsgestecks anzündet, um dann mit den anderen Kindern das Licht an die im Dunkeln singende Gemeinde weiterzugeben. Zu meiner Überraschung half an jenem

Adventssonntag Franz, der neue Versammlungsteilnehmer und keinesfalls als Kind einzustufen, plötzlich eifrig mit. Wir sollten bald erfahren, warum.

Franz war Brandstifter.

Feuer, Flammen, Zerstörung, Strafe – alles loderte in seinem kranken Gehirn zusammen. Mit der Zeit vertraute Franz uns an, daß er da und dort Brände gelegt habe. Was sollte er tun? Mein Mann riet ihm, Hilfe zu suchen und sich der Polizei zu stellen. Das tat er auch und wurde für einige Jahre hinter Gitter gesteckt. Ob ihm allerdings dort viel fachliche Hilfe zuteil wurde, weiß ich nicht. Kurz bevor er ins Gefängnis ging, vertraute er sein Leben Christus an; jetzt hatten wir einen Neubekehrten im Gefängnis, um den wir uns kümmern mußten!

Im Klartext bedeutete das, alle zwei Wochen den langen Weg ins Gefängnis am Hamburger Stadtrand zurückzulegen, um ihn zu besuchen. Mit der Zeit entwickelte sich ein richtiger Bibelgesprächskreis, an dem sechs bis sieben andere Gefangene teilnahmen. Drei der regelmäßigen Teilnehmer waren Mörder, andere Einbrecher.

Mein Mann und ich fuhren meistens gemeinsam hin, aber einmal war er verhindert, und ich mußte allein in den Knast. In der Jugendstunde in der Talstraße hatte ich gerade eine Bibelstunde zum Thema »Der Töpfer und der Ton« gehalten und meinte, das auch im Gefängnis gebrauchen zu können. Zur plastischen Darstellung nahm ich ein wenig Knete mit. Es war ein sehr heißer Sommertag, und ich beschloß, den Jungen Eis zu spendieren. Sie wurden sowieso oft genug gehänselt, weil sie zu der »Halleluja-Stunde« gingen. Diesmal sollte es sich auch sichtbar lohnen. Ich packte also ein langes Kuchenmesser zum besseren Anschneiden der großen Eispackung mit ein und fuhr los in Richtung Strafanstalt.

Normalerweise durften wir immer das Zimmer des Gefängnispastors benutzen; er war froh, in der Zwischenzeit irgendwo anders im Hause etwas tun zu können. Aber diesmal schüttelten die Beamten bedauernd ihre Köpfe.

Nein, diesmal ginge es nicht beim Pastor; sie müßten uns leider einen anderen Raum zuteilen – und mich darin einschließen. Ob das ginge?

»Ja, natürlich«, antwortete ich, »wenn Sie nur nicht nach zwei Stunden vergessen, wieder aufzuschließen!«

Da saßen wir nun, drei Mörder, zwei Einbrecher, ein Brandstifter und eine Heilsarmeeoffizierin, eingeschlossen in einem Raum. Bedenken hatte ich keine. Wir redeten über Gott, der uns Menschen gemacht hatte wie ein Töpfer seine Gefäße. Die Jungen fingen an, ihre Gefäße aus Knete zu formen. Ich hätte es mir denken können, daß zumindest von einigen recht zweideutige Kunstwerke aus leuchtend orangefarbener Knete präsentiert wurden. Aber schließlich hatten wir unsere Krüge, Körbe und Flaschen zusammen. Dabei fielen mir die Krimis ein, in denen sich so ein Klumpen Knete vorzüglich zur Abnahme eines Schlüsselabdruckes eignete ... Ich achtete sorgfältig darauf, jeden einzelnen Krümel wiedereinzusammeln.

Wir hielten unser Bibelgespräch, in dem es darum ging, daß wir auf Gott angewiesen sind und nicht umgekehrt – und dann ging es an die mitgebrachten Erfrischungen.

Erst als ich das große Messer aus der Kühltasche nehmen wollte, wurde mir ein klein wenig mulmig ... Die Mörder grinsten mich freundlich an und bedankten sich fürs Eis. Der Einbrecher war noch nicht einmal patzig, als ich ihm seine Bitte um die restliche Knete abschlug. Ich verstaute das Messer wieder in der Kühltasche und dankte Gott, daß meine Dummheit nicht zur Katastrophe geworden war. Und nahm mir vor, nie wieder ein Messer mit in den Knast zu nehmen!

Als Franz entlassen wurde, meinten die Psychologen und Gutachter, sein Brandstiftungstrieb sei nun überwunden – nicht zuletzt durch seine engen Beziehungen zur Heilsarmee. Er stelle keine Gefahr mehr für die Umgebung dar. Wir nahmen ihn in unserem Haus in der Talstraße auf und bemühten uns, ihm menschlich und geistlich weiterzuhelfen. Es kostete einiges an Nerven und Zeit, aber wir meinten, es lohne sich.

Dann – Franz lebte schon ein halbes Jahr in der Talstraße – brannte es bei uns im Keller. Zu dem Zeitpunkt fand die Kleiderausgabe für Männer in unserem Gemeindesaal statt. Um die Kleidung in Empfang zu nehmen, mußten die Männer in den Keller hinabsteigen. So konnten wir auf die Frage der Kripo, wer sich denn in unseren Kellern auskenne, nur mit schwarzem Humor antworten: »Die Creme der hanseatischen Berbergesellschaft!« Eigenartig war nur, daß vier oder fünf Brandherde gelegt worden waren und der eine extra hoch in der Nähe der Gasuhren. Wer auch immer den Brand geplant hatte, wollte uns schädigen.

Beim zweiten Brand war der Schaden in materieller Hinsicht nicht so groß, zerrte dafür aber um so mehr an unseren Nerven. Nach wie vor war der Täter unbekannt; wir hatten inzwischen leider unsere Vermutungen, aber ohne Beweise konnte man nichts tun. In dieser Zeit lief ich schnüffelnd wie ein Hund durch die Gegend; ich glaube, ich bin gesprungen, wenn zwei Kilometer entfernt jemand ein Streichholz angezündet hat! Doch als das letzte Feuer – in unseren Jugendräumen im dritten Stock – angezündet wurde, war ich, wie schon erwähnt, nicht zu Hause, sondern im Krankenhaus.

Diesmal gestand Franz. Er kam in die geschlossene Abteilung eines psychiatrischen Krankenhauses. Die Psychiater warnten uns, ihn nicht zu besuchen. Sie meinten, er habe den unbändigen Haß auf seine Eltern manchmal auf uns, seine neuen »Eltern«, übertragen, und sei deshalb fast gezwungen gewesen, uns zu schaden.

Es gibt viele Fragen, auf die ich keine Antwort finde. Warum ist es uns nicht gelungen, Franz in die heilende Gegenwart Gottes zu bringen, damit seine inneren Verletzungen gesunden konnten? Wollte er nicht? Konnte er nicht? Wollte gar Gott nicht? Innerlich bin ich selber noch nicht mit dem ganzen Vorgang fertig.

Ich weiß nur eins: Wir Christen sind aufgerufen, uns um andere zu kümmern. Koste es, was es wolle.

Der rote VW-Bus

Der Samariter pflegte den verwundeten Reisenden nicht nur, er machte sich auch Sorgen, wie es mit ihm weitergehen sollte. Bevor er selber abreiste, organisierte er die weitere Pflege beim Gastwirt. Solche Samariter werden heutzutage dringender denn je gebraucht – die nicht nur für den Augenblick, sondern auch für die Zukunft planen. Leider muß ich bekennen, daß wir das nur allzu unzulänglich tun. Es fehlt der Überblick, die Organisation, oft genug auch das Geld und die Mitarbeiter. Aber das Ziel bleibt nach wie vor: Männer und Frauen menschlich und geistlich auf eigenen Füßen stehen zu sehen.

Deswegen freuen wir uns um so mehr, wenn wir erleben können, daß Menschen geistlich reifen und Aufgaben im Reich Gottes übernehmen. Einige unserer »Kinder« sind Heilsarmeeoffiziere geworden; andere arbeiten in anderen Bereichen von »Gottes Gemüsegarten«.

Aber das Problem bleibt bestehen: Ein Verwundeter kann sich in der Regel nicht vom Krankenlager erheben und gleich auf die Bibelschule springen. Zuerst muß er gesund werden, wachsen, lernen, sich in die Gemeinde einzubringen. Und dafür braucht er einen Arbeitsplatz.

Aber nicht nur der künftige Reichs-Gottesarbeiter ist auf Arbeit angewiesen; nicht umsonst sagt das Sprichwort: »Müßiggang ist aller Laster Anfang.« Als einer unserer Heilssoldaten, trockener Alkholiker, am Ende einer Arbeitsbeschaffungsmaßnahme wieder vor der Aussicht auf Arbeitslosigkeit stand, haben wir ihn kurzerhand eingestellt. Bis zu seiner – erfolgreich verlaufenen – Umschulung hat der angehende Computerspezialist Tische gestellt, Verteilschriften gestempelt und Botengänge erledigt. Es war nichts Anspruchsvolles, aber besser, als wieder in die Arbeitslosigkeit abzugleiten und auf dumme Gedanken zu kommen.

Deswegen freue ich mich um so mehr, daß das Jakob-Junker-Haus der Heilsarmee in Groß-Borstel mehr tun kann, als nur Männern mit besonderen sozialen Schwierigkeiten ein Dach über dem Kopf zu bieten. Was anfangs als (freiwillige) Arbeitstherapie gedacht war, nämlich das Herstellen von Holzspielsachen, hat sich zu einem ausgewachsenen Möbellager gemausert. Zur Zeit sind es um die zwanzig Männer, allesamt beim Arbeitsamt in die Kategorie »schwer vermittelbar« eingestuft, die dort einen richtigen, nach Tarif bezahlten Arbeitsplatz haben. Es sind schon manchmal rauhe Gesellen, die sich an der Wohnungstür mit »Heilsarmee« melden, um gebrauchte Wohnzimmerschränke und Küchentische abzuholen. In unserem Lager kann dann jedermann Möbel kaufen. Wenn der Empfänger bedürftig ist, werden die Möbel vom Sozialamt bezahlt; ansonsten wird ein geringer Preis erhoben. Wer natürlich meint, er könne ein entzückendes Nierentischchen gerade in seiner Blankeneser Villa gebrauchen, der darf auch eine höhere Summe abgeben.

So wird Männern, die lange aus der Arbeitswelt ausgeschlossen waren, die Möglichkeit gegeben, wieder Fuß zu fassen. Nicht jeder Arbeitgeber kann genug Geduld aufbringen, wenn es darum geht, Menschen wieder an regelmäßiges Arbeiten zu gewöhnen. Nicht blau werden, nicht blau machen – es will alles gelernt sein! Aber für die Zukunft ist dieses Erlernte von unermeßlichem Wert.

Als der barmherzige Samariter abreiste, um seinen Geschäften nachzugehen, ließ er dem Gastwirt Geld für die weitere Versorgung des Patienten zurück. Es ist nun einmal so, daß alle guten Wünsche, Segenssprüche und Spurgeons gesammelte Predigten nur bedingt ohne Geld wirksam werden, ganz davon abgesehen, daß Spurgeons gesammelte Predigten auch eine ganze Menge kosten. Im Schlager heißt es: »Money makes the world go around.« Zumindest stimmt es, daß meine kleine Heilsarmeewelt aufhören würde, sich zu drehen, wenn plötzlich kein Geld mehr von irgendeiner Seite käme. Und ich kann mir nicht denken, daß es bei Ihnen anders wäre. Alternative Selbstversorger in allen Dingen vom Strom bis zu Stricknadel, Heftpflaster und Heftzwecke sind wohl die wenigsten, auch in unserer alternativ angehauchten Gesellschaft. Etwas Geld braucht der Mensch.

In der Bibel wird berichtet, daß Gott gesagt hat: »Silber und Gold sind mein.« In dem Fall, warum sorgen? Wenn es so einfach wäre! Zumindest was das Geld der Heilsarmee angeht, muß es meistens einen kleinen Umweg über die Taschen der Hamburger Bevölkerung gehen, bis es beim Bodenpersonal ankommt!

Von Geld verstehe ich nicht viel. Ich kann es verdienen, auch ausgeben – aber nicht verwalten. Das macht mein Mann. (Ich fürchte, an ihm ist ein Steuerbeamter oder etwas Ähnliches verlorengegangen, so gerne vergräbt er sich in seine Finanzbücher.)

Bei unserem Dienstantritt in Hamburg war allerdings nichts zum Verwalten da. Als uns die Finanzlage in ihrer ganzen Trostlosigkeit aufging und wir feststellten, was alles zum vernünftigen Arbeiten fehlte, kapitulierten wir.

Wir sahen absolut keine Möglichkeit, unsere Heilsarmeetätigkeit zu finanzieren. Die Heilsarmee ist eine Freikirche; sie lebt von den freiwilligen Zuwendungen ihrer Mitglieder, wie alle Freikirchen. Da aber die Heilsarmee auf der einen Seite wenig Mitglieder hat – und sie meistens nicht gerade zu den Gutverdienenden zählen –, auf der anderen Seite aber durch ihre diakonische Aufgabe hohe Ausgaben, klafft ein großes Loch zwischen Soll und Haben. Dieses Loch wird durch die Spenden unserer Freunde aufgefüllt, die sie uns groschenweise in Gaststätten, markweise auf der Straße oder per Hundertmark-Dauerauftrag geben. Letzteres ist allerdings selten!

Wir kapitulierten also. »Herr, dies hier ist letzten Endes

deine Sache. Bitte sorge du auch für die Finanzierung! Wir können es nicht.« Und ich muß sagen, es ist herrlich, für so einen kompetenten Chef zu arbeiten! Er regelt unsere Geschäfte bestens. Wenn auch manchmal mit dem besagten Umweg über die Taschen der Bevölkerung – aber es funktioniert! Gott hat nicht zugelassen, daß wir je rote Zahlen schreiben mußten. Wir haben immer genug Geld für das, was wir brauchen, wenn auch nicht immer für das, was ich meine, gebrauchen zu können ...

Manches hat uns schier den Atem verschlagen. Da war die Sache mit dem VW-Bus zum Beispiel.

Ich bin ein recht nüchterner Mensch. Von mir kommen die Halleluja-Rufe eher spärlich, und ich habe nie zu Visionen und Ähnlichem geneigt.

Während meiner persönlichen Gebetszeit hatte ich aber einmal das starke Empfinden, daß Gott uns einen Bus schenken wolle. Ich sah ihn sogar im Geiste vor mir, rot – und irgendwie anders als die Busse, mit denen ich sonst gefahren war.

Ich verlor keine Zeit und erzählte den Mitgliedern des Jugendclubs, daß wir einen roten VW-Bus bekommen würden. Diese Gewißheit hätte ich im Gebet empfangen. Gläubig nahmen die Jugendlichen die Nachricht auf, bestürmten mich fast täglich: »Ist unser Bus schon da?« Ich weiß nicht, was sie erwarteten. Ich weiß noch nicht einmal, was ich erwartete. Vielleicht einen nagelneuen roten Bus, vollgetankt und betriebswarm vor der Haustür, mit einem Zettel an der Windschutzscheibe: »Gute Fahrt. Euer himmlischer Vater«?

Es kam anders.

Ein paar Wochen vergingen. Die Anfragen in Sachen Bus wurden weniger. Trotzdem war ich nach wie vor überzeugt, daß unsere Gemeinde einen VW-Bus gut gebrauchen könnte und daß Gott selber auf diese Idee gekommen war.

Eines Tages brachte der Postbote ein Paket an die Heilsarmee Talstraße, Absender Schollmeier. Mein Mann war zu dem Zeitpunkt in England auf einem Lehrgang, und ich hatte mir bestimmt kein Paket geschickt! Sehr, sehr vorsichtig – mit den Warnungen über Briefbomben im Ohr – machte ich das Paket auf. Zum Vorschein kamen ein Pfund Kaffee, ein ausgeschnittener Zeitungsartikel über uns, eine fromme Postkarte ohne Unterschrift und ein großes Glas voller Hundertmarkscheine!

Insgesamt waren es 54 Hundertmarkscheine, zusammen mit zwei nachfolgenden kleineren Päckchen, jeweils mit anonymen Segenswünschen auf einer Postkarte vom Missionswerk Werner Heukelbach.

Ich tat die Geldscheine in den Tresor und wußte: Das ist der vordere Teil unseres Busses.

Eine Woche später rief mich ein Engländer an, dessen Frau ich bei einer Informationsveranstaltung kennengelernt hatte. Er sollte von seiner Firma nach Großbritannien zurückversetzt werden und wollte den auf europäischen Rechtsverkehr eingestellten Wagen nicht nach Hause mitnehmen. Ob er der Heilsarmee sein Auto schenken dürfte? Aber bitte.

Kaum vierzehn Tage danach bekam unser Jugendclubleiter von seinem Vater ein wertvolles Auto vermacht – und schenkte uns dafür seinen treuen Käfer. Jetzt hatte ich zwei Autos und einen Haufen Hundertmarkscheine. Ich schrieb ans Hauptquartier, daß wir uns einen Bus kaufen wollten. Man lehnte ab.

Ich konnte es nicht verstehen. Ein oder zwei andere Heilsarmeekorps hatten auch Busse, warum wollte man uns keinen genehmigen? Ja, kam die Antwort: Die anderen hätten ihren Bus geschenkt bekommen und nicht aus Heilsarmeegeld gekauft. Sonst könnte jedes kleine Korps kommen und einen Bus subventioniert haben wollen ...

Nun gut. Da hätte ich nichts anderes zu tun, als einen Bus zu kaufen und dem Hauptquartier zu melden, uns sei ein Bus geschenkt worden. Ich bräuchte ja nicht zu sagen, daß wir den Motor dann, das linke Hinterrad dann geschenkt bekommen hatten ...

Wir verkauften die beiden geschenkten Autos. Zumindest beim Wagen des Engländers war es gut, daß er weg war. Eigentlich bin ich für Tempo 130 auf der Autobahn. Wenn man einen bescheidenen Kleinwagen fährt, hat man gut reden. Sitzt man aber hinter dem Steuer – nein, ich muß verbessern, sitze ich hinter dem Steuer eines Autos, das locker 190 fährt, röhren meine guten Vorsätze aus dem Auspuff davon!

Inzwischen hatte ich also mehr als zehntausend geschenkte Deutsche Mark und fing an, die Gebrauchtwagenhändler unserer Nachbarschaft in Richtung roter Bus abzuklopfen. Die Autoseiten der Zeitung wurden sorgfältig studiert. Und jeden Tag in meiner persönlichen Gebetszeit kam der göttliche Vorwurf: »Du betrügst mich. Du betrügst mich.«

»Herr, davon verstehst du nichts. Du kennst unser Hauptquartier nicht so gut wie ich; mit denen kann man nur so umgehen!«

»Und trotzdem betrügst du mich!«

Nach einer Woche gab ich nach. Ich schrieb fast den gleichen Brief ans Hauptquartier, den sie schon einmal abgelehnt hatten. Entweder würde der rote Bus Realität – oder der Missionsfond um einiges reicher. Zu meiner Verwunderung kam diesmal eine Erlaubnis. Wenn wir das Geld dafür hätten, dann dürften wir kaufen.

Aber obwohl ich den Bus zuerst im Gebet »gesehen«, das Geld bekommen und die Briefe geschrieben hatte, war es mein führerscheinloser Ehemann, der die richtige Anzeige fand. Wir fuhren zum Händler: ein roter VW-Bus in unserer Preislage. Und dann staunte ich nicht schlecht. Von mir ganz unbemerkt hatte die Autofirma ein neues Modell auf den Markt gebracht. Eben das, das ich im Gebet gesehen hatte.

Wußten Sie, daß Gott sich auch in Autotypen auskennt?

In der Regel aber versorgt uns der Vater nicht auf diese wirklich wunderbare Art, sondern durch die nicht weniger wunderbare Treue unserer Mitglieder und Freunde. Oder auch mal durch das Finanzamt. Hatte doch ein Finanzamt zum Weihnachtsfest eine ganze Lachsseite geschenkt bekommen. Die durften sie natürlich nicht behalten; es hätte als Vorteilnahme ausgelegt werden können. Also rief man bei der Heilsarmee an, ob wir zufällig Lachs gebrauchen könnten? Das edle Stück war prachtvoller Mittelpunkt unseres kalten Büfetts am Heiligabend, und mancher kleine Steuerbetrüger hat sich wohl an der Güte des Finanzamts gelabt. Wenigstens einmal.

Sprachlos

Wer mich kennt, weiß, daß ich nicht so schnell sprachlos zu machen bin. Um so stiller war ich, als wir den Anruf eines Kollegen aus Süddeutschland bekamen, der zur Millionenerbschaft beglückwünschte! Bei der Beerdigung einer Dame sei verkündet worden, sie habe der Heilsarmee in St. Pauli eine Million Mark gespendet. Später bestätigte das Hauptquartier diese gute Nachricht. Unsere Kollegen waren mit dem Ausräumen ihres Nachlasses beauftragt und hatten dabei mit der Nachbarin der Dame gesprochen. Sie berichtete, daß die verstorbene Frau sehr zurückgezogen gelebt und sich eigentlich nur einmal positiv über irgend etwas geäußert habe: damals, als sie nach dem Krieg in St. Pauli lebte, habe die Heilsarmee in der Talstraße ihr geholfen.

Mehr wissen wir nicht. Als was sie in St. Pauli gearbeitet hat – Fehlanzeige. Wie und wer und womit ihr damals nach dem Krieg von der Heilsarmee geholfen wurde – auch Fehlanzeige. Damals waren gleich hinter den siegreichen alliierten Truppen britische Heilsarmeeangehörige nach Hamburg gezogen, die mit Suppenküchen, Kinderspeisungen, Höhensonnen und Trockenmilchzuteilungen die Not der Großstadtbevölkerung zu lindern versuchten. Vielleicht kam die Hilfe daher?

Oder hatte sie in der Talstraße ein CARE-Paket bekommen, eine warme Decke aus Schweden oder einfach ein freundliches Ohr? Damals war die Zentrale des Schwarzmarkts in der Talstraße; kann die Hilfeleistung irgendwie damit zusammenhängen? Wir wissen es nicht. Wir werden es nie wissen. Unsere Versuche, Licht in die Dunkelheit des Rätsels zu bringen, zerschellten am Schweigen des Anwalts und den Wünschen der Erblasserin selber. Das einzige, was wir wissen, ist: aus Dank für irgendeine Hilfeleistung hinterließ eine uns unbekannte Frau über eine Million Mark, zweckgebunden für das Haus der Heilsarmee in St. Pauli!

So konnte dem hundert Jahre alten Backsteinhaus in der Talstraße ein gründlicher Umbau gegönnt werden; Flickwerk der Jahrzehnte wurde fachmännisch in Ordnung gebracht. Fahrstühle für die Alten und Gehbehinderten, eine vernünftige Entlüftung, eine Vergrößerung und Modernisierung der Räume des Missionsteams, endlich eine zweckmäßige, große Gemeindeküche und, und . . .

Gott ist gut, in dessen Dienst wir stehen!

Aber eines gibt mir zu denken. Die Tat eines unbekannten Heilssoldaten in St. Pauli nach dem Krieg bescherte uns im nachhinein den sonst unbezahlbaren Umbau. Was wird in vierzig Jahren das Ergebnis meines Dienstes sein? Wird irgendwo eine alte Frau ihren Enkeln erzählen, daß die Heilsarmee ihr geholfen hat? Ein erfolgreicher Geschäftsmann von seinem ersten Englischlehrgang im Jugendclub der Heilsarmee berichten? Der Oberbürgermeister von Rostock oder Dresden oder Schwerin sich erinnern, daß er damals als Jugendlicher nach der Öffnung der Mauer eine langentbehrte erste Tasse Kaffee auf der Reeperbahn von der ihm unbekannten Heilsarmee bekommen hat? Vielleicht bekennt ein katholischer Missionar irgendwo in Afrika, er habe den ersten Anstoß zum Glauben durch die Straßenpredigt einer Frau in St. Pauli erhalten.

Aber vielleicht winkt ein anderer müde ab: »Den Verein kenn' ich. Mir haben sie nicht geholfen.« Oder es sitzt irgendwo jemand und sinnt über ein Versäumnis von mir nach, eine Diskrepanz zwischen Worten und Taten. Im Gefängnis wird vielleicht über die Lieblosigkeit und Unglaubwürdigkeit der Frommen geschimpft. Eine Mutter hält ihr Kind vielleicht vom Kindergottesdienstbesuch mit den Worten ab: »Früher bin ich zur Heilsarmee gegangen, als ich klein war. So'n langweiligen Schwachsinn kannst du dir sparen.«

Ich hoffe und bete dafür, daß mein Leben gute Spuren hinterläßt, die auf Jesus Christus hinweisen. Denn ihm gehört mein Leben.

Jericho ist überall

In diesem Buch habe ich über die Erlebnisse und Erfahrungen berichtet, die wir während unserer Dienstzeit als Heilsarmeeoffiziere in Hamburg-St. Pauli machten. Ich versuchte, Parallelen zu ziehen zu einer der bekanntesten biblischen Geschichten, der Erzählung Jesu von dem Mann, den die Räuber überfielen.

In St. Pauli wie auch damals auf der Straße von Jerusalem nach Jericho sind Räuber auf Opfersuche unterwegs. Sie heißen Alkohol, Armut, Hoffnungslosigkeit, Habsucht. Sie nehmen ihrem Opfer alles ab und lassen es halbtot liegen. Aber auch die vornehmen Herren in ihren Vorstandsetagen, die adretten Hausfrauen mit den gutgeratenen Kindern – sie sind mehr als halbtot, wenn sie ohne Gott leben. Denn Gott kennen, heißt Leben.

Vielleicht glauben Sie, auch ein solcher Verwundeter zu sein. Die Räuber – von denen es viele auf dem Lebensweg gibt – haben Sie überwältigt und halbtot liegengelassen. Sie hofften, wie der Mann in der Geschichte, auf Hilfe und wurden bitter enttäuscht. Aber geben Sie bitte nicht auf. Gott will Sie nicht liegenlassen. Gott will in unserer Welt handeln, will retten, helfen, heilen.

Als Jesus seine Geschichte von dem barmherzigen Samariter erzählte, war es als Antwort auf eine Frage. Jemand hatte ihn gefragt, was man tun müsse, um das ewige Leben zu bekommen. Jesus antwortete mit einer Gegenfrage: »Was sagt die Schrift?«

»Liebe den Herrn, deinen Gott, von ganzem Herzen, mit ganzem Willen, mit deiner ganzen Kraft und deinem ganzen Verstand! Und: Liebe deinen Mitmenschen wie dich selbst!«

Gott von ganzem Herzen lieben kann man nur, wenn man ihn persönlich kennenlernt. Suchen Sie jemanden, der nicht nur dem Namen nach Christ ist, und bitten Sie ihn, Sie bekanntzumachen! Und wenn Sie innerlich verletzt sind, wenn Sie meinen, Gottes »Bodenpersonal« hätte Sie – wie in der Geschichte vom barmherzigen Samariter – ignoriert, dann machen Sie bitte auf sich aufmerksam! Gott will nicht, daß Sie halbtot liegenblieben, sondern leben!

Wenn Sie Christ sind, lieben Sie Ihren Herrn! Wir können ihn nicht genug lieben. Aber wir kennen ihn, lieben ihn. Gehorchen wir ihm auch?

Der Herr wurde damals gefragt, wer denn der Mitmensch sei, den man lieben solle? Ist es meine Familie, meine Gemeinde, für die ich mich einzusetzen habe? Jesus antwortete mit der Erzählung von dem Mann, den die Räuber überfielen. Als Mitmensch erwies sich nur der Ausländer, der, ohne auf persönliche Sicherheit, Bequemlichkeit oder Kosten zu achten, beherzt dem Verletzten beistand.

Und Jesus sagte: »Geh und mache es genauso!«